本书出版获得国家社科基金重大项目
"跨县搬迁社区治理与后期扶持研究"
(21&ZD183)资金资助

新型城镇化进程中县域校际资源的均衡配置研究

Study on the Balanced Allocation of County Interschool Resources in the New Urbanization Process

叶欣 陈绍军 ◎ 著

河海大学出版社
HOHAI UNIVERSITY PRESS
·南京·

内 容 提 要

本书考察县域校际资源均衡配置的实践逻辑。新型城镇化进程中人口流动使得乡村中小学面临"生源挤压"困境,我们需要应对生源数量逐年减少、生源质量普遍下降等问题,以积极回应保障学生就近就地享有高质量教育为目标的政策体系,并通过适度有序的"撤点并校"调整农村中小学布局。同时,以"少年宫下乡"与学生寄宿制为代表的社会参与体系也是构建县域校际资源均衡配置体制机制的重要组成部分。因此,新型城镇化进程中县域校际资源的均衡配置呈现"多维互构"的实践逻辑。考察新型城镇化驱动下乡村教育转型的社会动因,揭示农村校舍"空心化"和城镇学校"大班额"并存等县域校际资源非均衡配置的结构性原因,建立健全政府主导、社会参与的多元高效资源配置体制机制,成为当前乡村教育面临的重要议题。

图书在版编目(CIP)数据

新型城镇化进程中县域校际资源的均衡配置研究 / 叶欣,陈绍军著. -- 南京:河海大学出版社,2021.12
ISBN 978-7-5630-7363-4

Ⅰ.①新… Ⅱ.①叶… ②陈… Ⅲ.①县—地方教育—教育资源—资源配置—研究—中国 Ⅳ.①G527

中国版本图书馆 CIP 数据核字(2021)第 266506 号

书　　名	新型城镇化进程中县域校际资源的均衡配置研究	
	XINXING CHENGZHENHUA JINCHENG ZHONG XIANYU XIAOJI ZIYUAN DE JUNHENG PEIZHI YANJIU	
书　　号	ISBN 978-7-5630-7363-4	
责任编辑	陈丽茹	
特约校对	李春英	
装帧设计	徐娟娟	
出版发行	河海大学出版社	
地　　址	南京市西康路1号(邮编:210098)	
网　　址	http://www.hhup.com	
电　　话	(025)83737852(总编室)	
	(025)83722833(营销部)	
经　　销	江苏省新华发行集团有限公司	
排　　版	南京布克文化发展有限公司	
印　　刷	广东虎彩云印刷有限公司	
开　　本	718毫米×1000毫米　1/16	
印　　张	10	
字　　数	218千字	
版　　次	2021年12月第1版	
印　　次	2021年12月第1次印刷	
定　　价	68.00元	

序

新型城镇化是解决农业农村农民问题的重要途径,是全面实现小康社会的必由之路。一方面,多元城镇化推进模式不仅使得实践中的村落变迁呈现多样化、复杂化,也使得作为一种"嵌入"机制的乡村教育转型及其实践逻辑呈现多元化;另一方面,随着新型城镇化进程的不断加速,"撤点并校""文字上移"等现象在各地时有发生,由乡村教育转型引发的学术讨论方兴未艾,新型城镇化背景下的当代乡村教育命运不仅具有十分重要的理论意义而且具有很强的现实意义。

本研究基于皖中F县的个案研究,考察该县新型城镇化背景下乡村教育转型的实践过程,以市场机制、行政机制、社会机制等多维互构分析框架,系统性反思了该县乡村教育转型的发生机制、演化过程及其实践逻辑,总体性审视新型城镇化背景下乡村教育转型的现实样态及其实践逻辑。随着新型城镇化的推进,社会流动加剧、人口结构变化,学校的结构、规模均发生一系列大的变化,教师和学生的教育模式也随之改变,家庭的配合与重新适应也成为新样态。

第一,系统性考察新型城镇化背景下乡村教育变迁的样态。一方面,新型城镇化背景下人口迁徙与流动已成为后乡土中国的一种新样态,它对后乡土性的生成具有不可替代的作用,也是乡村教育变迁的社会基础;同时,不同类型的乡村教育实践主体在流动性增强的快速城镇化进程中发生了不同程度和多元化变迁。另一方面,基于教育制度的"嵌入"属性及教育实践的社会性特征,提出新型城镇化背景下乡村教育变迁的实践样态的总体性分析框架。

第二,从人口迁徙与流动的视角考察市场机制作用下乡村教育变迁的发生机制及其实践逻辑。一方面,随着新型城镇化进程的进一步加速,举家迁徙已成为人口流动的一种新常态,由此产生的留守儿童教育和流动儿童教育成为乡村教育变迁的首要实践维度,换言之,留守家庭和流动家庭(随迁家庭)成为人口流动背景下乡村教育变迁的两类基本样态;同时,人口流动对乡村学校教育也产生了不同程度的影响,且不同类型的学校教育的变迁样态和作用机制呈现出明显的差异化特征。另一方面,新型城镇化背景下市场机制对乡村教育变迁的另一个实践样态是"生源挤压",即优质生源向上流动使得乡村教育面临生源危机。

第三,从行政机制出发,考察新型城镇化背景下撤点并校及其对乡村教育转型的影响。一方面,通过对皖中F县Z镇撤点并校的历史考察和诠释,剖析其背后的现实基础和政策动因;同时,基于Z镇撤点并校事件的诠释性分析,反思性审视撤点并校对乡村教育产生的影响,包括教学实践模式、学校日常管理模式、师资结构及其再生产模式等多面向的影响。另一方面,通过反思性审视撤点并校对乡村教育产生的影响提炼出新型城镇化进程中前者对后者产生影响的作用机制。

第四,从学校教育的"制度衔接"与家庭教育的"功能替代"两个维度阐述市场机制和行政机制有机作用下社会机制如何回应。一方面,从"少年宫下乡"和"教师公寓制"两个具体制度入手,阐述变迁中的乡村学校教育制度如何实现与现代都市教育制度体系的有效衔接;同时,从"学生寄宿制"和"校园餐桌制"两个具体替代性功能切入,考察实践中乡村教育的家庭教育如何基于市场、政府、学校等多元教育主体实现功能替代。另一方面,基于学校教育"制度衔接"与家庭教育"功能替代"两个子维度的系统分析提炼出乡村教育的社会倒逼机制及其能动性回应逻辑。

第五,系统性反思当前学术界关于乡村教育转型的不同学术论争,包括新型城镇化背景下乡村教育当代转向的实践样态、"文字上移"的发生机制及其引发的社会后果以及中国当代乡村教育的本质回归及其复兴之路。一方面,提出乡村教育转型的"离农"与"为农"之争,就中国乡村教育转型的学术脉络演化路径而言,当代乡村教育的本质回归已成共识,但其蕴含的社会意涵并未引起学术界的高度关注或得到相关学者的有效阐释;另一方面,提出乡村教育转型的社会学意涵及其"多维互构论"。

最后,本研究得出如下结论:我们以市场、国家、社会切入转型中的乡村教育发现,"多维互构"的乡村教育转型机制存在市场机制下的"生源挤压"、行政机制下的"都市化转型"以及社会机制下的"能动性回应"三种不同转型路径和实践样态。质言之,"多维互构论"视角下的乡村教育转型是上述三种不同转型动力和作用机制共时性作用的结果。一言以蔽之,乡村教育转型的实践正是市场、国家、社会三股力量及其对应的三种不同转型动力和作用机制"多维互构"的实践结果。

目录

第一章　绪论 ……………………………………………………………… 1
　第一节　研究缘起与研究意义 ………………………………………… 1
　　　一、研究缘起 ……………………………………………………… 1
　　　二、研究意义 ……………………………………………………… 2
　第二节　国内外相关文献综述 ………………………………………… 3
　　　一、乡村变迁 ……………………………………………………… 3
　　　二、乡村教育变迁 ………………………………………………… 5
　　　三、乡村教育实践主体 …………………………………………… 8
　　　四、国内外相关理论 ……………………………………………… 12
　　　五、简要评述与研究视角 ………………………………………… 15
　第三节　研究个案描述 ………………………………………………… 16
　第四节　研究方法 ……………………………………………………… 19
　第五节　核心概念、章节安排与研究创新 …………………………… 20
　　　一、核心概念 ……………………………………………………… 20
　　　二、章节安排 ……………………………………………………… 22
　　　三、研究创新 ……………………………………………………… 23

第二章　新型城镇化背景下乡村教育变迁的样态 …………………… 25
　第一节　新型城镇化的变迁 …………………………………………… 25
　　　一、从城镇化到新型城镇化 ……………………………………… 25
　　　二、转型中的县域城镇化 ………………………………………… 27
　第二节　乡村社会的变迁 ……………………………………………… 29
　　　一、乡村社会人口结构的变迁 …………………………………… 29
　　　二、乡村社会生计模式的变迁 …………………………………… 30
　第三节　乡村教育的历史变迁 ………………………………………… 32
　　　一、20世纪90年代乡村教育的样态 …………………………… 32

  二、21世纪以来乡村教育的变化 …………………………………… 37
 第四节 本章小结 ………………………………………………………… 44
第三章 市场机制：人口流动与生源挤压 …………………………………… 46
 第一节 人口流动与家庭教育类型 ……………………………………… 46
  一、留守家庭 ………………………………………………………… 46
  二、随迁家庭 ………………………………………………………… 50
 第二节 人口流动与学校教育类型 ……………………………………… 54
  一、留守型学校 ……………………………………………………… 54
  二、随迁型学校 ……………………………………………………… 60
 第三节 人口流动与乡村教育生源挤压 ………………………………… 62
  一、生源挤压的生成机制与实践逻辑 ……………………………… 62
  二、生源挤压的影响形态与作用路径 ……………………………… 65
 第四节 本章小结 ………………………………………………………… 68
第四章 行政机制：撤点并校与乡村教育都市化转型 …………………… 70
 第一节 撤点并校的基层实践 …………………………………………… 70
  一、撤点并校的历史沿革 …………………………………………… 70
  二、撤点并校的政策实践 …………………………………………… 73
 第二节 撤点并校与学校教育的影响机制 ……………………………… 77
  一、乡村师资结构 …………………………………………………… 77
  二、教育实践模式 …………………………………………………… 81
 第三节 乡村教育都市化转型与家庭教育的影响机制 ………………… 85
  一、家庭结构"半留守化" …………………………………………… 85
  二、抚育模式多元化 ………………………………………………… 88
 第四节 本章小结 ………………………………………………………… 90
第五章 社会机制：乡村教育能动性回应 ………………………………… 91
 第一节 学校教育的制度衔接 …………………………………………… 91
  一、少年宫下乡 ……………………………………………………… 91
  二、教师公寓制 ……………………………………………………… 94
 第二节 家庭教育的功能替代 …………………………………………… 97
  一、学生寄宿制 ……………………………………………………… 97
  二、校园餐桌制 ……………………………………………………… 102
 第三节 倒逼机制的运作逻辑 …………………………………………… 104
  一、乡村教育能动性回应动力体系 ………………………………… 104
  二、乡村教育能动性机制运作逻辑 ………………………………… 108
 第四节 本章小结 ………………………………………………………… 110

第六章 "多维互构"：乡村教育的变迁机制 … 112
第一节 乡村教育结构转型与功能变迁 … 112
一、转型中的乡村教育 … 112
二、"离农"抑或"为农"：乡村教育变迁之争 … 115
第二节 乡村教育变迁的机制分析 … 119
一、市场机制下的"生源挤压" … 120
二、行政机制下的"都市化转型" … 121
三、社会机制下的"能动性回应" … 123
第三节 乡村教育变迁的"多维互构论" … 124
一、乡村教育变迁的社会学意涵 … 124
二、乡村教育变迁的多维互构 … 126
第四节 本章小结 … 127

第七章 结论与讨论 … 129
第一节 结论 … 129
一、乡村教育变迁的实践逻辑 … 129
二、多维互构论 … 131
第二节 讨论 … 132
一、展望 … 132
二、进一步探讨 … 133

参考文献 … 134

第一章 绪论

本章介绍研究背景、国内外相关研究,在"小城镇依然是大问题"的新型城镇化战略下引出本研究对象,介绍田野地点和田野经历并反思研究过程;同时,介绍了乡村教育、实践等与本研究直接相关的核心概念。

第一节 研究缘起与研究意义

一、研究缘起

首先,《国家新型城镇化规划(2014—2020年)》指出,自20世纪80年代以来,伴随着改革开放的进程进一步加速,我国城镇化速度也出现了一个由低到高的发展趋势:具体而言,一方面,1978年至2013年期间,我国城镇常住人口从1.7亿人增至7.3亿人,相应的城镇化率也由17.9%增至53.7%,年均增幅为1.02%,同时,随着城镇化进程的进一步加速,我国基础设施建设得到了大幅度改善,如电、路、气、信息网络等,社会福利水平也得到有效改善,社会保障等基本公共服务能力和水平显著提高;另一方面,城镇化进程的加速也进一步提升了农业剩余劳动力人口的转移,优化了国家人力资源配置结构,提升了城乡基本生产要素配置效率。因此,新型城镇化进程的进一步加速是本研究的首要大背景。

其次,李克强总理指出,"我当过农民,深知传统农民的艰辛不易。推进新型城镇化的最终目的,是为了农民的福祉。"他强调新型城镇化事关国家现代化大局,这步棋走好,是远近结合的一个重要战略支点。推进新型城镇化,贵在突出"新"字,核心是写好"人"字。要改革创新、试点先行,扎实推进以人为核心的新型城镇化。从总理的呼吁中,可以看出其对新型城镇化的落点是"人",因此,乡村教育在新型城镇化的过程中也表现出其独有的特质,既作为实践主体存在,又作为培养新型城镇化的"人"而存在。

最后,社会结构转型引发对新型城镇化过程中乡村教育的学术思考。李培林在《另一只看不见的手:社会结构转型》中提出了分析中国社会转型的一个重要理论及其分析框架,即"连续谱"分析框架①,从20世纪90年代初,中国社会转型存在多种学术论争,学者们纷纷议论什么是社会转型、中国社会将转向何处去等一系列重大的现实问题和理论问题。而李培林则敏锐地指出,社会结构转型这只不同于市场转型的"另一只看不见的手"将长期主导中国社会转型的大方向,并成为社会学的一个重要理论问题;同时,他在有形之手"国家""市场"之外,探寻到资源配置的"另一只看不见的手",也就是社会。正是通过上述维度详细阐述了社会转型运作机制及其实践逻辑,且在方法论上突破了传统城乡二元对立的惯性思维,在所有被视为对立两极的中间都存在连续谱式的过渡,也确立了多元主义在学术研究中的重要地位。

据此,学者们对乡村变迁加以研究,很多人提出现代乡村出现空心化、无主体化以及过疏化,国家、市场与社会作用其中、相辅相成,当学术界刚刚兴起此类话语不久,诸多学者对乡村变迁中乡村教育的变迁也加以探讨和研究,从之前的"文字下乡"变成如今的"文字上移",从村村建学校到如今的撤点并校,乡村教育掀起了一股研究热潮。与此同时,乡村教育的两大实践群体"留守儿童""随迁子女"受到学者们的广泛关注,学术界也就此引起了一场关于乡村教育转型的研究热潮。

概而言之,本研究的逻辑起点是新型城镇化背景下乡村教育的当代转型。

二、研究意义

首先,据中华人民共和国教育部、《中国教育年鉴》以及国家统计局相关数据显示,中国农村小学校的数量从1997年的512 993所减到2006年的295 052所;教学点从1997年的186 962个减少到2006年的87 590个;农村小学在校生数从1997年的95 604 440人减少到2006年的66 761 432人;对应的下降幅度是42.48%、53.15%、30.17%。学校平均规模则从1997年的136.6人上升至2006年的174.5人,增幅为27.74%。同时,自20世纪末期以来,中国乡村大约每天会有90所左右的乡村中小学消失或终结,据有关学者统计,到2006年时我国乡村小学总量已下降至20世纪中期的水平。因此,对新型城镇化背景下乡村教育的学术研究就具有重要的实践意义。

其次,乡村教育的当代转型。随着新型城镇化战略不断加速,系统研究新型城镇化背景下乡村教育转型和变迁的实践逻辑就显得既十分必要又十分迫切。因此,本研究也具有重要的理论意义。

---

① 李培林:《另一只看不见的手:社会结构转型》,《中国社会科学》1992年第5期。

最后，自新型城镇化战略全面实施以来，乡村教育随之产生一系列变化，学术界关于新型城镇化背景下乡村教育变迁的研究也方兴未艾；各学者采用不同学科和理论视角对乡村教育变迁及其转型的过程、特征、困境和乡村教育当代命运等一系列问题展开了系统性研究和探讨，并已形成相对丰富的理论和学术成果。但是，就系统性和反思性而言，当前乡村教育转型实践具有多样性、复杂性和实践性等基本特征，既有研究仍然在一些问题上存在分歧或莫衷一是。因此，本研究基于皖中F县新型城镇化背景下乡村教育变迁的实践过程，系统性、反思性地阐释其变迁的实践逻辑，不仅具有十分重要的理论意义，而且也具有很强的现实意义。

第二节 国内外相关文献综述

梳理既有文献发现，与本研究直接相关的学术议题包括：人口学关于乡村变迁的相关研究，包括农村空心化、无主体和城乡"过密—过疏"等；社会学、教育学关于乡村教育事实的相关研究，包括以文字上移、撤点并校等为视角的系列论述；中国乡村教育实践主体的相关研究，包括"留守儿童""随迁子女"等。本部分将系统梳理国内外城镇化发展历程。

一、乡村变迁

首先，农村空心化成为一个集空间、人口、社会层面问题交织于一体的社会事实。学术界对农村"空心化"的研究可谓汗牛充栋。爬梳既有文献可以发现，关于乡村"空心化"的核心问题可以集中概括为下列观点：随着城镇化进程尤其是近年来的新型城镇化进程的进一步加速，乡村人口外流和资源单向输出，直接导致传统村落出现不同程度的解体，并进而影响乡村基础治理效益；同时，随着乡村"空心化"程度的进一步加深，产业空心化也逐渐成为各界关注的焦点问题，被学术界称为"二次空心化"，即因人口、资源单向度外流而直接导致的农业基础产业和非农产业无法维系，并出现不同程度的凋敝。[①]

其次，关于乡村空心化拯救的相关研究也逐渐成为学术界的研究议题，即如何在新型城镇化背景下继续保持并发展乡村活力问题。各学者从不同角度提出了多元化政策建议，比如从社会资本重建角度[②]、城乡一体化角度[③]、金融支持的

---

① 张昭：《关于河北省空心村治理的理论探讨》，《河北师范大学学报（自然科学版）》1998年第4期。
② 赵康：《"空心村"社会资本断裂及其构建对策——基于农村社区建设视角》，《农村经济》2013年第7期。
③ 肖娥芳：《湖北城乡一体化进程中农村"空心村"现象研究》，《湖北工程学院学报》2013年第1期。

角度①以及行政改革②等多种角度。

再次,变迁中的乡村社会运作逻辑研究。近年来,随着农村大量劳动力离土离乡之后,熟人社会的行为逻辑是否还在运作,吴重庆试图以"无主体熟人社会"这个概念描述并解释中国农村空心化之后的社会生活。"无主体熟人社会"是在"熟人社会"这一概念的基础上提出的。同时,也受到贺雪峰在研究村民委员会选举时提出的"半熟人社会"的启发。但"半熟人社会"揭示的是与"熟人社会"之间量(熟识程度)的差异,其解释力表现在村民委员会选举这一特定事项上,而"无主体熟人社会"是为了揭示与"熟人社会"之间的质的变化,并试图解释空心化农村的社会运作逻辑。有学者提出"无主体半熟人社会"(Unconscious Society of Semi-Acquaintance)的理论分析概念来形容变迁中的乡土社会,尤其是农民集中居住区这样的特殊地域社会类型。③

最后,城乡的"过密—过疏"结构展示了工业化、城市化对乡村人口的吸纳,村落共同体出现危机、价值认同走向式微。同时,随着20世纪90年代市场化浪潮的开启,乡村过疏化和都市过密化使得学术界更加聚焦于不同地域社会类型下地域转型和发展机制。梳理已有文献发现,大致存在下述研究议题:职业类别、环境问题、人口规模、社区密度、社会分层、人口迁徙与流动、社会交往等。20世纪初期关于城乡差异的研究议题如表1-1所示。

表1-1　20世纪初期关于城乡差异的研究议题④

类别	乡村世界	城镇世界
职业	耕作者家庭经营,社区中也有几个非农手艺户	专门职业(制造业、贸易和商业)与其他非农职业
环境	自然支配人类——社会环境与自然直接相连	与自然分离,主要是人造环境支配自然,糟糕的空气等
社区	开放的农场或者小社区	城镇社区规模大于乡村社区
规模	农耕与社区规模相关性弱	城市化与社区规模正相关
人口密度	人口密度与乡村特性负相关	城镇社区远大于乡村社区,城市化与人口密度正相关

---

① 岳永兵:《基于城市经营理念的"空心村"改造模式探析》,《广东土地科学》2008年第3期。
② 李梅华:《乡镇政府在"空心村"治理中的角色定位》,《农村经济》2009年第9期。
③ 贺雪峰:《论半熟人社会——理解村委选举的一个视角》,《政治学研究》2000年第3期。
④ 黄平、王晓毅:《公共性的重建:社区建设的实践与思考(上)》,社会科学文献出版社,2011,第150页。

续表

类别	乡村世界	城镇世界
人口同质性与异质性	与城市相比,乡村人口在种族、精神特质等维度方面具有高同质性	城市化与异质性正相关
社会分化与分层	乡村分化与分层水平低于城镇	分化、分层与城市化正相关
流动性	地区、职业和其他形式的社会流动不强,通常移民流为从乡村到城市	流动性与城市化正相关
互动性	互动区域狭窄,个人的持久关系相对简单,人作为人互动	接触频繁、互动区域广泛,二次接触为主,非个人的随机短期关系

二、乡村教育变迁

首先,20世纪90年代中后期,我国农村中小学开始新一轮大规模布局调整,这次布局调整体现出与"文字下乡"相反的趋向,成为当前中国乡村教育的显著事实。众多学者对关于这次布局调整的背景、目的、过程、技术、成效与问题进行研究。[①] 从总体的调整规模看,中国农村小学校数量从1997年的512 993所减少到2006年的295 052所;教学点从1997年的186 962个减少到2006年的87 590个;农村小学在校生数从1997年的95 604 440人减少到2006年的66 761 432人;减幅分别为42.48%、53.15%、30.17%。学校平均规模则从1997年的136.6人上升至2006年的174.5人,增幅为27.74%。[②] 自20世纪90年代末以来,中国农村每天约有90所学校消失;2006年全国的小学学校数量已经降到中华人民共和国成立初期的水平,调整的幅度不可谓不大。从上述数据中可以看出,学校数量和在校生数量减少的趋势出现不同步,城乡关系是解释近些年来中国乡村教育发展变化的重要因素,"文字上移"成为当前中国乡村教育的新趋向。[③]

[①] 在这些研究当中,由华中师范大学的范先佐主持的"中西部地区农村学校合理布局研究"项目所取得的成果值得重视,其研究成员包括范先佐、周芬芬、贾勇宏、郭清扬、王远伟、曾新等人。该项目从2005年7月—2007年7月,对湖北、河南、广西、云南、陕西和内蒙古6个省(自治区)38个县市177个乡镇的中小学布局调整进行了深入、细致的调查研究,其研究成果分别发表在《华中师范大学学报(人文社会科学版)》《教育发展研究》《河北师范大学学报(教育科学版)》等刊物上。

[②] 学校规模=在校生数(小学校数+教学点数)。很多研究在计算学校规模时没有把教学点放在分母之中,但显然教育部的教育统计年鉴中在校生数是包括教学点在内的。教学点是中国乡村教育的一个重要事实,缺少这一事实的数据是很成问题的。

[③] 熊春文:《"文字上移":20世纪90年代末以来中国乡村教育的新趋向》,《社会学研究》2009年第5期。

其次,撤点并校成为中国乡村教育的重要议题。

第一,有关撤点并校中存在的问题研究。在撤点并校取得一定成果的同时,也出现了一系列的问题。(1)对学生影响的相关研究,主要集中在学生人身安全问题[1]、寄宿制校园中的安全问题[2][3]、学生心理健康问题,裴林对寄宿制就读的学生进行相关研究,认为这一学段的学生因生理等原因,如不能够得到合适的关怀容易产生各种心理问题[4]。国外有学者认为班额大小对学生人际交往和情感交流带来影响,长此以往影响学生的社会化、个性发展和成长。再者就是学生辍学率的问题[5],褚卫中认为学校撤并使得服务半径过大,导致偏远地区农村中小学生辍学率上升。[6] 世界银行一项在非洲获得的项目用地理信息系统对179个村庄的研究也表明,"儿童入学率与上学距离关系十分密切;尽管在各个上学距离上,男孩入学率都高于女孩,但总体而言,学校在一千米以外的距离已经不具有实质的覆盖意义。"[7]有学者也看到学生家庭的负担问题,庞丽娟、韩小雨认为:撤点并校后,家庭出现陪读现象,有些家庭购买便捷的交通工具,甚至通过租车等方式接送学生,很大程度上增加了农村家庭的经济负担。[8](2)对教师影响的研究。一方面是寄宿制学校优秀教师资源短缺,谷生华认为师资问题是困扰寄宿制学校的最大难题。[9] 另一方面是撤点并校后教师工作量加大,罗银利认为布局调整之后,增强了教师的专业性和专职性,但大多数教师反映工作量和工作压力加大,不同程度地产生了职业倦怠。[10] 此外,凌昌猛提出在寄宿制学校,没有专职管理人员,给学校工作带来很多麻烦。[11] (3)对教学影响的研究,罗银利认为撤点并校后使得教育设施不足,虽然合并后整合了一些教育资源,但远远跟不上新形势的要求。硬件上出现班额过大、学生食堂过小、就餐困难等欠缺,校园面积相对收缩,学生活动空间变窄。软件上出现师资短缺等困难。[12] (4)对乡村文化的影响。褚卫中、张玉慧认为撤点并校加剧了乡土文化断裂和乡村的

---

[1] 庞丽娟:《当前我国农村中小学布局调整的问题、原因与对策》,《教育发展研究》2006年第4期。
[2] 徐永生、宋世兵、彭小满:《关注农村寄宿制学校校园安全》,《湖南教育》2005年第12期。
[3] 罗银利:《农村中小学布局调整的问题、原因及对策研究》,硕士学位论文,华中师范大学,2007。
[4] 裴林:《寄宿制初中生心理问题对策》,《科学咨询》2006年第10期。
[5] 汤敏:《当心撤了学校走了学生》,《中国教育报》2001年11月2日。
[6] 褚卫中、张玉慧:《农村义务教育"撤点并校"负面影响分析》,《教学与管理》2012年第3期。
[7] Douglas Lehman, "Bringing the school to the children: shortening the path to EFA," *World Bank Other Operational Studies* (2003).
[8] 庞丽娟、韩小雨:《农村中小学布局调整的问题、原因及对策》,《教育学报》2005年第4期。
[9] 谷生华、彭涛、谢峰:《西部农村基础教育重组应一步到位——关于西部农村基础教育寄宿制学校建设的调查与思考》,《教育发展研究》2006年第6期。
[10] 罗银利:《农村中小学布局调整的问题、原因及对策研究》,硕士学位论文,华中师范大学,2007。
[11] 凌昌猛、兰新铁:《当前农村寄宿制学校存在的问题及对策》,《小学教学参考》2006年第27期。
[12] 罗银利:《农村中小学布局调整的问题、原因及对策研究》,硕士学位论文,华中师范大学,2007。

衰败,住校就读以后,农村学生每天面对的就是课本,主要的压力就是考个好分数、升学,形成的价值观就是农村的一切都是落后的,老师规划给学生的远景和学习动力就是离开农村。学生们越来越轻视农业劳动,不会劳动,对家庭、家乡的认同感越来越低,这样势必造成乡土文化的断裂和乡村的衰败。① 陶青、卢俊勇指出,任何学校对邻近地区的服务远不止教育功能,作为学生及家长关注的焦点,它是邻近地区适于居住的象征,是农村居民生活的文化站。② 冯翠云指出,乡村少年承担着传承乡村文化的艰巨使命。农村学校布局调整改变了原来"村村有小学"的格局,众多农村中小学被逐渐撤并或升级,不少地方已达到一个乡镇只有一所中心校的程度,这必然导致乡村少年与乡村生活和乡村经验相脱离。一方面导致乡村文化的学习主体(主要是乡村儿童)"不在场",另一方面疏离了学校教育与其他教育系统间的联系。③ 这也是我们的教育出现诸多问题的主要原因之一。学校教育有其自身的缺陷,向学生传递知识和文化的载体是书本,更具体地说是文字,而"文字所能传的情、达的意是不完全的"④。而乡村文化的教育作用可以弥补学校教育的缺陷。"从人类学的观点来看,教育是文化传递。"⑤ 在乡村社会中,文字多余,连语言也并不都是传情达意的唯一象征体系。农村学校布局调整迫使乡村学生离乡离土寄宿在学校,使学生与乡村文化间产生了"地域"的阻隔,更加疏离了学生和家庭与乡村社会的联系。⑥

第二,有关撤点并校中存在问题的原因研究。针对撤点并校过程中出现的一系列问题,已有学者对其进行了研究,并就问题出现的原因进行了分析。贺新向分别从主观认识因素、决策因素、体制因素、经费因素、人口地理因素及情感因素方面对影响农村中小学布局调整的因素进行了分析。⑦ 罗银利针对农村中小学布局调整出现的问题分析了以下原因:地方政府对中小学布局调整政策的理解、执行与落实失当;遗留校产处置不规范;农村义务教育投入严重不足;新的教师编制标准不符合农村教育实际。⑧ 褚卫中在论述撤点并校负面影响的原因分析中指出了以下几个原因:一些地方政府对农村中小学布局调整政策的理解片面;对当前农村实际情况缺乏调研与了解,缺乏科学合理的规划;中央和省级专

---

① 石人炳:《国外关于学校布局调整的研究及启示》,《比较教育研究》2004 年第 12 期。
② 陶青、卢俊勇:《农村小班化教学:促进城乡教育均衡发展的有效途径——"撤点并校"十年后的调查》,《教育理论与实践(中小学教育教学版)》2011 年第 10 期。
③ 冯翠云:《学校布局调整背景下乡村文化传承的困境分析》,《清华大学教育研究》2012 年第 2 期。
④ 同上。
⑤ 同上。
⑥ 同上。
⑦ 贺新向:《农村中小学布局调整问题研究——以 G 市(县级)为个案研究》,博士学位论文,华东师范大学,2007。
⑧ 罗银利:《农村中小学布局调整的问题、原因及对策研究》,硕士学位论文,华中师范大学,2007。

项资金分配不合理;农村中小学教师数量不足。①

第三,撤点并校政策负面效应的应对策略和政策建议。面对撤点并校过程中出现的种种问题,诸多学者纷纷提出相应的解决措施。石人炳通过对国外学校布局调整的研究得出启示:防止撤点并校后因上学距离增加而导致的辍学现象,制定合理的撤点并校布局规划,保留必要的部分乡村学校;同时,建立健全师资队伍均衡分配机制和教学资源的优化机制,改革传统人事管理制度。② 罗银利提出相应措施:合理处置农村撤并学校资产;加大农村中小学布局调整经费投入;加强农村寄宿制学校建设;加强教师队伍建设;切实解决学生的交通安全问题;进一步完善义务教育阶段资助制度,减轻农村家庭负担。③ 国外相关研究提出的措施:加强教育规划④;在人口密度小的地方保留必要的小规模学校;对小规模学校的教育组织方式和学校建筑结构进行创新。⑤

三、乡村教育实践主体

乡村教育是农民市民化的基本单位和新型城镇化政策的重要载体和抓手,即要实现流动人口市民化,最重要的是解决随迁家庭教育"在地化"及其子女社会融合问题。一方面,从留守儿童到随迁子女,随迁家庭教育问题仍然面临一系列制度性障碍和结构性制约,此类群体家庭教育及其社会融入往往难以实现"教育在地化""认同市民化";另一方面,在现行城乡二元教育体制分割的结构制约下,乡村教育在教育资源、教育机会、家庭资本等多个维度均面临不同程度的再生产困境,难以突破二元社会结构及其相关社会机制的再生产,换言之,要制定积极有效的教育政策即相关的社会公共服务,从体制机制、社会结构等维度系统考量乡村教育的实践逻辑,尤其是乡村教育在何种体制下运营,从而进行新型城镇化背景下的乡村教育实践。

首先,学界出现众多有关留守儿童教育的研究。自 20 世纪 90 年代初期以来,随着社会体制和政策的松绑,我国社会开始进入大规模人口流动阶段,其中,人口流动对农村社会产生了一个重要而显著的影响——"留守儿童",并逐渐被社会各界尤其是学术界所关注并热议。目前,学术界关于留守儿童及其教育问题的研究主要集中在下述视角:

1. 人口社会学视角。主要研究包括:从人口规模角度而言,农村留守儿童

---

① 褚卫中、张玉慧:《农村义务教育"撤点并校"负面影响分析》,《教学与管理》2012 年第 3 期。
② 石人炳:《国外关于学校布局调整的研究及启示》,《比较教育研究》2004 年第 12 期。
③ 罗银利:《农村中小学布局调整的问题、原因及对策研究》,硕士学位论文,华中师范大学,2007。
④ Douglas Lehman, "Bringing the school to the children: shortening the path to EFA," *World Bank Other Operational Studies* (2003).
⑤ Gould WTS, Lawton R, *Planning for Population Change* (London: Croom Helm Ltd, 1986).

数量超过6 000万,总体规模扩大;从性别结构来看,男孩所占比例较高①;从年龄构成看,农村留守儿童年龄结构发生变化,学龄前儿童规模快速膨胀②;从地区分布角度而言,农村留守儿童在各地之间的分布很不均衡③;从家庭抚育结构角度而言,大部分农村留守儿童并不能获得完整的亲子教育结构和亲代抚育模式,因此,缺少完整的家庭抚育结构已成为制约农村留守儿童教育的重要现实因素④;从受教育状况角度而言,虽然根据调查结果看,目前农村留守学龄儿童义务教育现状总体良好,但是,仍有一些辍学留守儿童的教育问题迟迟未引起重视并得到有效改善⑤。

2. 社会心理学视角。主要研究内容包括:(1) 心理健康问题及其成因分析,如缺少完整的家庭抚育结构和亲子抚育模式,情感生活单调等⑥。(2) 农村留守儿童心理健康问题对策分析,主要结论如下:农村留守儿童的健康成长需要得到社会各界、各方面的关心和支持,尤其应重视家庭、学校的联动机制⑦;同时,扩大留守儿童的社会支持网络并完善其社会生态系统,保障留守儿童在身心健康发展的同时获得有力的社会支持系统和完善的补偿机制⑧。

其次,有关农民工随迁子女教育的研究也成为社会学界的热议话题。随着家庭化迁移成为流动人口迁移的主体模式,农民工随迁子女也逐渐引起各级政府和相关学者的高度重视,而关于该群体的研究主要包括以下视角:

1. 社会心理学视角。该视角考察农民工随迁子女的社会心理问题,从个体层面而言,陌生的城市生活环境对农民工随迁子女的心理影响;从群体层面而言,农民工随迁子女的社会认同如何建构,社会归属感如何形成,与本地儿童如何形成良性互动模式等。主要研究结论如下:(1) 心理健康问题。由于面对陌生的城市生活环境,农民工随迁子女遭遇了不同程度的社会心理问题,如自卑心理、人际交往不畅、反社会人格倾向等,且上述问题的严重程度均高于城市本地儿童⑨。(2) 社会认同。目前关于农民工随迁子女社会认同建构的相关研究得出如下共识:农民工随迁子女社会认同直接影响其健康的人格形成以及社会融

---

① 段成荣、周福林:《我国留守儿童状况研究》,《人口研究》2005年第1期。
② 吕利丹:《从"留守儿童"到"新生代农民工"——高中学龄农村留守儿童学业终止及影响研究》,《人口研究》2014年第1期。
③ 全国妇联课题组:《全国农村留守儿童城乡流动儿童状况研究报告》,《中国妇运》2013年第6期。
④ 叶敬忠、王伊欢:《留守儿童的监护现状与特点》,《人口学刊》2006年第3期。
⑤ 李超、李诗云、王雷:《随迁与留守——新移民家庭代际关系分析》,《人口与经济》2015年第2期。
⑥ 周宗奎、孙晓军、赵冬梅等:《同伴关系的发展研究》,《心理发展与教育》2015年第1期。
⑦ 同上。
⑧ 孔祥艳:《农村留守儿童教育问题的解决进展》,《教育教学论坛》2016年第43期。
⑨ 黄小萍、龙军、刘敏岚:《民工子女心理发展现状及对策研究》,《教育探索》2006年第10期。

入的程度①；但是实践中则出现了自我认同分化和身份认同模糊的困境，即一部分农民工随迁子女形成了农村人认同，而另一部分农民工随迁子女则形成了城市人认同，甚至还有少部分农民工随迁子女形成了二元身份认同——制度性的农村人认同与文化性的城市人认同，换言之，农民工随迁子女社会认同日趋多元化。②（3）心理融合。农民工随迁子女心理融合是指与当地儿童之间相互认同和互相接纳的程度。③而目前关于农民工随迁子女心理融合的主要研究相对较少，大部分集中在社会学视角中的社会融合与社会排斥研究议题中。④

2. 社会学视角。该视角重点研究农民工随迁子女与其所处陌生城市环境之间的如何进行社会互动的问题，研究议题主要包括社会排斥、社会适应、社会融合。

（1）社会排斥。目前关于农民工随迁子女社会排斥的研究主要集中在农民工随迁子女社会排斥现状及其消除策略。①农民工随迁子女社会排斥现状：从政治、经济、文化三个维度考量，农民工随迁子女均受到不同程度的不平等待遇及其衍生的社会排斥。具体而言，农民工随迁子女在政治维度的社会排斥主要是指无法享受与当地儿童平等的受教育机会，即现行教育制度和优质资源分配不公平导致农民工随迁子女政治维度的边缘化⑤；而经济层面的社会边缘化则主要表现为经济资本相对匮乏导致的一系列融合教育困境和社会融入困境⑥；而在学校层面的边缘化则主要表现为生活环境上的社会排斥、学习环境上的社会排斥、学习能力欠缺等⑦；农民工随迁子女的文化排斥表现为其文化观念落后，直接导致其融合教育缺乏持续的动力⑧。因此，农民工随迁子女在政治、经济、文化方面受排斥带来了一系列不良后果：政治排斥导致部分农民工随迁子女"上不了学"，经济排斥导致部分农民工随迁子女"上不起学"，文化排斥导致部分农民工随迁子女"上不好学"。⑨②消除农民工随迁子女社会排斥的应对策略。

---

① 郑友富、俞国良：《流动儿童身份认同与人格特征研究》，《教育研究》2009年第5期。
② 王毅杰、史晓浩：《流动儿童与城市社会融合：理论与现实》，《南京农业大学学报（社会科学版）》2010年第2期。
③ 王新波、单洪雪：《随迁儿童与当地儿童学校生活中心理融合状况研究》，《中国德育》2013年第18期。
④ 胡艳辉、王立娜：《农民工城市文化心理融入的代际差异研究》，《湘潮（理论版）》2012年第12期。
⑤ 任云霞：《社会排斥与流动儿童的城市适应的研究》，《陕西青年管理干部学院学报》2006年第1期。
⑥ 赵延东、洪岩璧：《社会资本与教育获得——网络资源与社会闭合的视角》，《社会学研究》，2012年第1期。
⑦ 冯帮：《流动儿童的城市文化适应研究——给予社会排斥的分析视角》，《现代教育管理》2011年第5期。
⑧ 张世文、王洋：《"社会排斥"视角下的农民工子女教育问题》，《长春工业大学学报（社会科学版）》2008年第1期。
⑨ 高政：《社会排斥理论视角下流动儿童教育问题研究》，《教育探索》2011年第12期。

目前,关于如何消除农民工随迁子女社会排斥的应对策略主要集中在宏观国家制度设计层面、中观社会政策层面以及微观学校、家庭、社区共同参与。具体而言,国家制度设计应从城乡二元体制层面入手,调整义务教育体制,改革不平等的教育体制机制,建立多元化的教育形式,引导公平的社会观念[①];在社会政策层面应加快户籍制度改革步伐,制定有利于农民工随迁子女融合教育和社会融合的政策体系,同时,为农民工随迁子女提供必要的社会工作服务,设立学校社会工作岗位,从而在全社会营造一种良好的农民工随迁子女融入氛围[②];在微观行动层面,营造学校、家庭、社区共同参与及良性互动的有效机制,增加农民工随迁子女社会抗逆力,客观认知自身能力,营造良好的家庭、学校氛围以及和谐的学校互动环境,同时,充分发挥社区教育的辅助作用,构建有效的家校联动机制。

(2)社会适应。目前学术界关于农民工随迁子女社会适应主要存在两种不同论调,一种观点认为农民工随迁子女的社会适应状况不容乐观,在政治、经济、文化等多维度均存在不同程度的社会排斥,同时,在心理健康、社会认同、身份建构等维度也存在不同程度的困境,如多元化、模糊化、二元化等;因此,农民工随迁子女社会适应不容乐观。[③]另一种观点则认为部分农民工随迁子女已经获得了良好的社会适应,尤其是在公办学校中的农民工随迁子女,往往比农民工子弟学校或打工子弟学校中的随迁子女适应程度更好,虽然也存在部分的适应困境。[④]当然,上述两种论调均有其一定合理性。但还有部分学者认为不能笼统地说农民工随迁子女社会适应水平如何,农民工随迁子女社会适应是一个复杂的动态过程。有研究针对公办学校和农民工子弟学校两种不同学校类型的教育方式对流动儿童身心健康发展和社会适应度的差异性进行了对比性测评和分析,结果发现:在行为能力和受歧视感方面,公办学校中的农民工随迁子女要优于农民工子弟学校中的农民工随迁子女[⑤]。也有研究表明,从时间层面上看,农民工随迁子女随着在农民工子弟学校时间的增加,大部分受访流动儿童都会选择返回自己的家乡继续接受教育;而公立学校的农民工随迁子女的选择则不同,他们更倾向于留在随迁城市继续接受高质量教育,并积极适应和融入城市

[①] 宁鸿:《农民工子女教育问题的社会排斥研究——以大连市进城农民工子女为例》,硕士学位论文,吉林大学,2006。
[②] 高政:《社会排斥理论视角下流动儿童教育问题研究》,《教育探索》2011年第12期。
[③] 陈怀川:《农民工子女城市生活不良适应的社会学分析》,《兰州学刊》2006年第5期。
[④] 方晓义、范兴华、刘杨:《应对方式在流动儿童歧视知觉与孤独情绪关系上的调节作用》,《心理发展与教育》2008年第4期。
[⑤] 曾守锤:《流动儿童的社会适应:教育安置方式的比较及其政策含义》,《辽宁教育研究》2008年第7期。

生活。①

（3）社会融合。农民工随迁子女社会融合是一个复杂的动态过程，而非一种静止的结构性结果；农民工随迁子女社会融合的重要内容是儿童个体、社会群体与城市社会个体、城市社会群体之间的相互作用和交往。② 而关于农民工随迁子女社会融合状况，不同研究者从不同角度进行了丰富的研究，总体而言，农民工随迁子女社会融合状况复杂，对迁入地的认同、对学校的认同、对同辈群体的认同等不同维度均表现出不同的融合程度，公立学校的农民工随迁子女融入程度优于农民工子弟学校的随迁子女。③ 同时，一方面，大部分在农民工子弟学校就读的随迁子女在学校与本地同学关系都相对比较好，但也有部分农民工随迁子女有较强的自卑感，与城市当地同学的关系不融洽；另一方面，同质交往是公立学校农民工随迁子女的互动特征，而在农民工子弟学校中则表现出多元化的交往方式和多样化的文化融合形式，但该学校中的农民工随迁子女群体很难与城市儿童建立有效的互动机制和日常交往模式，从而出现认同内化的困境。④ 而王毅杰、王开庆等的研究则表明，不同群体对农民工随迁子女的社会融合态度存在明显差异，具体而言，与生产服务人员相比，行政办事人员对农民工随迁子女的社会融合态度较为宽容，且市民对农民工随迁子女的社会融合态度会再生产或复制到农民工随迁子女群体本身。⑤ 因此，农民工随迁子女社会融合存在不同程度的差异性是目前相关学者的基本共识，且不同群体对待农民工随迁子女社会融入的态度也存在差异，不同性质的学校中农民工随迁子女社会融入状况也不同，即公立学校中的农民工随迁子女社会融合程度优于农民工子弟学校中的随迁子女。

四、国内外相关理论

经典社会学家滕尼斯提出共同体这一社会类型学研究方法后，关于城乡人口聚居模式开始出现了不同类型的差异化演进，也逐渐引起了社会科学界，尤其是人口学、社会学和人类学的高度重视。梳理既有研究大致可以发现，实践中的城乡人口聚居模式随着城市化进程的不断加快，出现了复杂化、融合化发展趋势。而进一步随着研究范式的不断更新，尤其是突破了传统城乡二元对立的关

---

① 史晓浩、王毅杰：《流动儿童城市社会适应结构与策略选择——以个案叙事中时间指向为视角》，《广西民族大学学报（哲学社会科学版）》，2009年第1期。
② 孟艳俊：《流动儿童社会融合状况的比较研究》，硕士学位论文，首都经济贸易大学，2008。
③ 范元伟：《流动儿童与本地学生相互融合研究》，《当代青年研究》2008年第6期。
④ 卢国显：《城市流动儿童的社会融合与政策取向：一个个案研究》，《石家庄学院学报》2009年第5期。
⑤ 王毅杰、王开庆、韩允：《市民对流动儿童的社会距离研究》，《深圳大学学报（人文社会科学版）》2009年第6期。

系后,采用一种城乡连续统一体的视角,将城乡人口聚居模式研究带入了一个新的阶段。① 自20世纪20年代中后期以来,美国芝加哥学派就开始研究城乡人口迁徙过程中形成的不同聚居区和聚居模式,如欧内特·伯吉斯(E. Burgess)提出都市同心圆理论,并勾画了城市地域社会生态结构(Concentric Zone Model),在该理论模型中,商业中心(CBD)被伯吉斯置于居住区和城市环状区域的位置,称之为一个特定的转型区(Zone in Transition);同时,伯吉斯认为,转型区具有一种兼具不同资本类型的混合特征,具体包括过渡性、复杂性、多元性和开放性等;另外,伯吉斯还通过社会生态学理论视角将转型区的社会秩序和社会关系纳入系统研究范畴,上述研究都对芝加哥学派及其后继者产生了重要的学术影响。②

美国学者威廉姆·托马斯(William Thomas)、R. D. 麦肯齐(Rodericke D. Mckenzie)等后继者均以伯吉斯的同心圆理论和转型区理论,进一步通过系统研究,深化了关于转型区社会秩序和社会结构、社会关系和社会互动、社会继替等相关研究③;其中,最为学界所熟知的包括:埃比尼泽·霍华德(Ebenezer Howard)的田园城市(Garden City)④、弗兰克·赖特(Frank Wright)的广亩城市(Broadacre City)⑤、斯泰恩(Stein Clarence S.)的区域城市(Regional City)等。⑥

当然,芝加哥学派的上述成果主要是基于欧美尤其是美国城市化历程的理论总结和提升,并不一定完全适用于亚洲尤其是东南亚等国家的城市化历程。随着20世纪80年代中后期亚洲崛起以来,西方学者也将目光聚焦于亚洲城市化进程中出现的不同转型区域,试图通过不同国家的对比性研究进一步丰富同心圆理论和转型区理论。梳理研究发现,上述研究的重要内容集中在以下概念:城乡融合区(Desakota)、乡村都市带(Ruralopolis)、城市边缘区(Stadtradzonen)、城乡边缘区(Rural-Urban Fringe)、乡村-城市边缘带(Rural-Urban Fringe Belts)、城市边缘带(Urban Fringe Belts)。⑦ 乔治·韦文(George Wehrwein)提出了城乡边缘区理论。他指出,所谓"城乡边缘区"是指因农业用地转换为工业用地而产生的特定地域社会类型,该地域社会类型在人口结构、土地利用

---

① Rimmer P J, "Overview: Restructuring Chinese space in the millennium," *Asia Pacific Viewpoint*, No. 1(2002):1-8.
② 马克·哥特迪纳、雷·哈奇森:《新城市社会学(第三版)》,黄怡译,上海译文出版社,2011,第88-98页。
③ R. E. 帕克、E. N. 伯吉斯、R. D. 麦肯齐:《城市社会学——芝加哥学派城市研究》,宋俊岭、郑也夫译,商务印书馆,2012,第4-6页。
④ 埃比尼泽·霍华德:《明日的田园城市》,金经元译,商务印书馆,2010,第1-12页。
⑤ Wright L, "Broadacre City: A New Community Plan," *Architecture Review* (1935):243-254.
⑥ Stein C S, "A Regional Pattern for Dispersal," *Architecture Review* (1964):205-206.
⑦ Qadeer M, "The spatial organization and residential land economy of high-density rural regions in South Asia," *Urban Studies*, No. 9(2000):1583-1603.

方式、社会互动、文化交流等方面均具有一定的多元属性①；安德鲁斯(R. B. Andrews)提出了乡村-都市边缘带理论。所谓乡村-都市边缘带是指随着城市中心不断向外扩展，从而使得农用地非农化使用而产生的一种兼具乡村和都市特性的特殊地域社会类型。②康泽恩(M. R. Conzen)提出了城市边缘带生成的三种实现路径，即定型、扩张和巩固；同时，他重新定义了城市边缘带理论概念，城市边缘地带是城市社会经济发展的一个特殊地域，体现了城市边缘地带的不连续性和复杂性，是城市边缘农业用地与工业用地混合使用构成的动态区域。罗宾·普里沃(Robin Pryor)提出了城乡边缘区与纯乡村社区的主要区别：前者是一种在土地利用、社会人口等多维度均发生变化的特殊区域，它位于连片建成区和郊区之间，该类区域兼具都市和乡村两类社区的社会特征。③帕斯内(M. Pacione)提出了乡村边缘区的本质：它是乡村地区城市化，乡村边缘地带的社区转型是一种关涉现代都市文化价值观念、生活方式和行为方式向乡村地区不断扩散和渗透的社会变迁过程。④

国内学者关于社会结构转型理论的研究主要有以下几个方面。

1. 社会结构转型的理论意涵。李培林指出，社会转型是转型社会中国的重要理论议题，它首先是一种整体性发展变迁过程⑤；同时，它在实践过程中表现为一种特定的结构性转型和体制变动。⑥

2. 社会结构转型的实践面向。李培林的社会结构转型理论指出，社会结构转型是不同于市场结构转型的"另一只看不见的手"。社会结构转型的实践面向主要包括：家庭、企业组织、社会资本等实体性资源配置结构和方式。其中，家庭组织作为资源配置方式有利于节约市场交易成本，换言之，不同于市场机制，家庭机制的资源配置方式具有节约交易成本的优势，同时，不同于市场机制的交易治理结构，家庭配置机制的治理结构相对比较非正式，通过血缘关系、伦理规范等非正式机制和互动规则进行交易治理。⑦

3. 社会结构转型理论的基本命题。李培林的社会结构转型理论指出，在中国快速变迁和转型的时代背景下，社会结构转型作为一种资源配置方式具有与市场结构转型的配置方式不同的运作机制和实践特征。换言之，如果说市场配

---

① George S. Wehrwein, "The Rural-Urban Fringe," *Economic Geography*, No. 3(1942):217-228.
② Andrews R B, "Elements in the Urban Fringe Pattern," *Journal of Land and Public Utility Economics*, No. 18(1942):169-183.
③ Pryor Robin J, "Defining the Rural-Urban Fringe," *Social Force*, No. 2(1968):202-215.
④ Rimmer J, "Overview: Restructuring Chinese space in the millennium," *Asia Pacific Viewpoint*, No. 1(2002):1-8.
⑤ 李培林：《另一只看不见的手：社会结构转型》，《中国社会科学》1992年第5期。
⑥ 李培林：《另一只看不见的手：社会结构转型》，社会科学文献出版社，2005，第4-5页。
⑦ 李培林：《再论"另一只看不见的手"》，《社会学研究》1994年第1期。

置机制是一种不同于政府行政配置的"无形之手"的话,那么,社会结构转型作为一种资源配置机制则是不同于市场资源配置机制的"另一只无形之手"。这一理论命题突破了传统西方理论个体主义方法论导向的解释模型和分析范式,建立了一种新型的社会变迁解释范式和理论方法。

4. 中国社会结构转型的实践特征。李培林指出,在中国社会结构转型呈现如下基本特征:结构转型与体制转轨同步进行、政府和市场的双重启动、城市化过程的双向运动、转型进程中发展的非平衡。[①]

五、简要评述与研究视角

首先,由于国内关于乡村变迁的研究起步较早,研究成果也相对丰富,但既有研究仍然存在下述局限性:学界有关乡村"空心化""过疏化""无主体化"的研究常常聚焦于城市化进程中的城乡关系,忽略了外部社会力量对其产生的结构性制约,尤其诸多机制共时作用时,这些关系的社会演化和发展必将呈现出多元化、复杂性等实践特征,缺乏整体性和系统性视角的孤岛分析范式解释力则会大大受限。一言以蔽之,单纯问题导向的孤岛分析范式在利益主体多元化的博弈时代势必显得捉襟见肘,甚至江郎才尽。

其次,关于"文字上移"与"撤点并校"的研究虽然起步相对较晚,也取得了较为丰富的研究成果,但既有研究仍然存在下述局限性:(1) 由于"文字上移"对照"文字下乡"而存在,时下国家政策文本及教育学、人口学等学科将其归于人口因素或者从"优化教育资源配置、改善办学条件"的角度解释乡村教育的基本事实。它缺乏一种基于中国乡村教育发展的整体性社会事实的理论视角和分析框架,各学科研究成果难以展开理论对话。(2) 现有文献对"撤点并校"出现问题的成因分析还不够全面。"撤点并校"不仅仅是教育问题,更是一项适应农村社会发展,特别是新型城镇化发展的社会问题。因此,要在新型城镇化背景下全面系统地认识这一问题,深入分析各种潜在的因素。

最后,国内学术界关于留守儿童和农民工随迁子女的研究主要集中在心理、社会和教育三个层面,并且在各层面的研究均呈现细化的趋势。如心理学方面的研究从传统的关注心理健康问题过渡到对不良心理健康指标产生和原因进行分析,并进一步深化探讨留守儿童和农民工随迁子女心理健康风险的规避策略,尤其集中在宏观、中观和微观的有机协调和各部门通力协作上;同时,对农民工随迁子女的心理问题也从传统的心理健康问题如自卑、孤独、相对剥夺、边缘化、污名化等问题逐渐过渡到对这些问题的深层原因剖析,如认同危机、身份冲突等。社会层面的研究从传统的适应症问题到城市融入、社会融合,再到社会排

---

① 李培林:《另一只看不见的手:社会结构转型》,《中国社会科学》1992年第5期。

斥、社会认同和分身建构等议题的转换，都表明学术界关于农民工随迁子女的研究出现了多元化趋势，且这部分学者主要集中在社会学学科。就教育社会学者而言，他们关注的更多的是留守儿童和农民工随迁子女社会教育的问题，尤其在家庭抚养模式和代际互动模式变迁的情况下，如何实现上述两类群体的社会教育。但通过上述文献的反思性梳理后发现，既有研究不同程度地存在下述局限性：(1)研究方法过多地集中在定量研究，虽然可以获得统计数据并做出必要的理论推演，但目前仍然缺少扎实的定性研究，尤其是个案式的历史社会学考察，或多点民族志式的追踪考察。(2)目前的研究明确将留守儿童和农民工随迁子女视作两个不同的群属类型，且每个群体研究都取得了相对丰富但互不影响的研究成果，但实践中的留守儿童和农民工随迁子女不但不是完全独立的两个群体，而且两者间可以相互转换，尤其当家庭化流动已成为目前流动人口的首选模式时，大量的留守儿童就会转换成农民工随迁子女。那么，学术界如何回应上述经验层面的变化，即留守儿童变成随迁子女时的一系列连带性社会问题，换言之，作为一种社会事实的"留守儿童—随迁子女"在以往的研究中未能得到足够的重视和应有的学术地位，但现在已不得不提上研究议程。这就要求研究者调整研究方法，且需要借鉴人类学多点民族志的方法来获得丰富的经验数据，这也是本研究可能的创新之处。

第三节 研究个案描述[①]

自 20 世纪 80 年代中后期，费孝通提出了小城镇战略并发表了一系列相关著述，该战略明确指出要实现中国现代化，首先要实现农村剩余劳动力转移，即将多余劳动力从农村转移出去，并最终实现中小城镇区域城乡一体化发展。[②]当然，小城镇战略在 20 世纪 90 年代中后期也曾遇到"小城镇病"的困扰，但正如费孝通在《小城镇研究十年反思》一文中所指出的，"在小城镇的研究中只吃了小城镇这颗核桃的肉，而丢了核桃的壳，软件固然味道好，硬件也应该注意，不能只

[①] 需要说明的是，为将本研究对相关利益主体的影响最小化，按照学术惯例笔者对该部分进行了学术处理；同时，该部分资料主要来源于 F 县相关部门和学校，尤其是 F 县地方志编纂委员会编撰的《F 县志(1986—2005)》、F 县党史研究室(地方志办公室)编撰的《F 县年鉴 2016》等文本资料。笔者在此对上述资料的提供者深表谢意。

[②] 刘豪兴：《旷世的忧思：费孝通的经济社会学思想》，上海人民出版社，2010，第 134-140 页。

吃核桃的肉,不管核桃的壳了。"①换言之,"小城镇依然是大问题"。② 如何进一步防止小城镇带来的负面影响,同时以新型城镇化为契机,继续深化农业劳动力转移和农业人口市民化进程,仍然是摆在各级地方政府面前的一个重要问题和现实挑战,也是制约中国现代化进程和新型城镇化质量之关键。

F县位于安徽省中部、合肥市西南部,东经116°40′52″—117°21′39″、北纬31°30′22″—32°00′21″。F县于1948年建县,素有"淮军故里、改革首县、花木之乡、巢湖明珠"之美誉。F县地处合肥经济圈和皖江城市带承接产业转移示范区的核心地带,与合肥滨湖新城、高新区、经开区、科学城和政务文化新区无缝对接,是合肥打造"大湖名城、创新高地"的重要组成部分。F县县域交通十分便捷,合九、宁西、合武铁路,合宁、合芜、合界高速和206、312国道穿境而过,F县东依全国五大淡水名湖之一的巢湖,南拥千年水乡古镇、中国历史文化名镇三河镇,中有国家森林公园、"庐阳第一名山"的紫蓬山。F县总面积1695平方公里,近80万人口,辖12个乡镇、2个工业园区、2个合作园区。全县现有小学140所(含24所中心学校、35个教学点),初级中学15所,九年一贯制学校12所,其中市级素质教育示范校4所;完全中学4所,高级中学3所,其中省级示范高中2所、市级示范高中2所;职业高中4所(其中公办2所),五年制师范1所,特教学校1所。全县现有中小学生6.95万人,其中小学生35 828人、初中生18 535人、普高学生15 148人,在职教师5 295人。

近年来,F县深入推进教育体制改革,着力优化教育布局,强化师资队伍建设,提高教育教学质量,全县各级各类教育呈现蓬勃发展态势。2008年荣获全省首批"教育强县"称号,2012年荣获全省"两基"工作先进单位称号;同时,F县先后被确定为国家残疾儿童支持保障体系实验县、全省农村义务教育管理体制改革重点指导县、全省农村中小学现代远程教育工程试点县、全省县(市、区)党政领导干部教育督导考核工作试点县、全省学陶师陶实验县、全省无线城域网工程试点县、全省数字图书馆试验县、校园数字资源全覆盖试点县和数字化校园在线课堂试点县。

实践表明,县域经济的不断壮大、小城镇的日益繁荣、新型城镇化背景下的乡村教育发展符合中国城镇化基本国情和现实需求;同时我们有理由相信,以人为本、科学规划、合理布局的F县在不久的将来不仅能有效发挥农业转移人口市民化进程中"蓄水池"的显功能,也能通过基础教育一体化、公共服务均等化等一系列举措实现城乡统筹和乡村教育的全面发展,在完成大转型的同时关照乡村教育的进一步发展。F县行政区划如图1-1所示。

---

① 费孝通:《费孝通论小城镇建设》,群言出版社,2000,第312页。
② 李培林:《小城镇依然是大问题》,《甘肃社会科学》,2013年第3期。

图 1-1　F县行政区划图

第四节　研究方法

　　本研究采用质性研究方法,即通过自然情境下的整体性理解、解释性理解获得相关研究对象的生活世界全貌。[①] 同时,笔者采用拓展个案的研究方式。麦克·布洛维(Michael Burawoy)提出拓展个案研究方式。首先,布洛维批判了传统个案研究的局限性,具体包括社会情境性和个案分析层次不明确。同时,布洛维将个案研究划分为四个基本类型:第一,俗民方法论;第二,扎根理论;第三,拓展个案法;第四,诠释个案法。因此,透过分析具有普遍意义的社会情境来掌握宏观社会文化,是一种见微知著的理论诠释策略。[②]

　　显然,布洛维的理论划分有助于人们进一步客观全面理解个案研究,同时,他倡导的拓展个案法也具有十分重要的理论价值和借鉴意义,并且在当前大陆学术界获得了高度认可。[③] 笔者认为,布洛维拓展个案法对于本研究具有一定的优势性,具体表现为:一方面,通过反思个案研究过程中研究者与被研究者之间的权力和利益关系以及由此产生的权力效应和结构化约束,不仅有利于本研究克服伦理层面的困境,也有助于笔者进一步获得真实有效的田野资料,从而增加研究的理论深度;另一方面,通过差异化个案调查和层层递推式的拓展个案,将单个个案衍生并拓展至理论诠释的深度以达到整体性理解的高度。

　　2016年6月,笔者完成了田野工作之前的案头工作,带着梳理的文献和理论预设第一次去往F县进行田野调查;同年9月至11月的两个月时间里,笔者多次与学校负责人、学校校长、教育局负责同志和任课教师、学校家长、学生等利益相关主体进行座谈,并收集了一系列相关资料,包括管理部门日常工作总结和政策文件、各种活动管理办法和活动总结等,对当地的生源结构、生源主体有了客观、全面的理解。

　　2016年12月,笔者带着第一次的田野资料再一次来到F县进行田野调查,因为传统实证主义的镜喻逻辑已无法客观、准确地获得多元化的日常叙事。[④] 笔者在第二段田野调查的时间里,常常反思性监控自己的调查过程:如果把已经

[①] 凯瑟琳·马歇尔、格雷琴·B.罗斯曼:《设计质性研究:有效研究计划的全程指导(第5版)》,何江穗译,重庆大学出版社,2015,第14页。
[②] 麦克·布洛维:《公共社会学》,沈原译,社会科学文献出版社,2007,第30-55页。
[③] 李友梅、孙立平、沈原:《转型社会的研究立场和方法》,社会科学文献出版社,2009,第85-99页。
[④] 谢立中:《后社会学》,社会科学文献出版社,2012,第16页。

收集到的访谈资料看成是一种经验性文本的话[①],那么,如何才能真正获得这些访谈资料的经验性文本背后真实的田野故事呢?这就成为制约第二阶段田野调查质量的关键所在。

2017年1月上旬,笔者再次返回田野地点,对前期访谈的相关学校、访谈对象、学生进行梳理,并且对相对有特点的家庭进行了走访,通过这次走访,笔者对留守子女的家庭、随迁子女的家庭有了进一步了解,对相关学生的家庭教育情况与学校教育情况进行对接,并引发进一步的思考。2017年5月上旬,时任教育部部长陈宝生到F县相关学校和教学点进行考察,受F县教育局的委托,笔者全程参与了相关学校和教学点的准备工作。在这次准备过程中,给笔者留下深刻印象的是乡镇的少年宫建设,笔者将之称为"少年宫下乡",因为少年宫更常见于城市,乡镇出现并且能够办得有声有色着实不易,其教育课程结构逐渐趋于乡土化与现代化的有机融合,与此同时,教育功能也逐渐与学校教育、家庭教育相互耦合。之后的每个月,笔者都会到田野点去,补充和完善之前访谈的材料,丰富研究的内涵。当然,访谈现场的同步笔记和事后的反思性整理也是田野工作中的重要组成部分;同时,验证事件或叙述的真伪也成为考验笔者能力的重要内容,看似错综复杂的情节,其背后是权力博弈和价值观冲突。

最后,笔者不得不反思整个研究过程的伦理问题。笔者基本按照"知情同意"和"无伤害原则"开始了整个田野调查过程。为避免真实身份对研究对象造成的不必要困扰和麻烦,笔者不得不按照学术惯例隐去他们的真实身份,这也正是笔者感到矛盾的地方。在短暂的田野调查相处过程中,热情好客的F县相关学校的师生早已不再关注一些个人得失和利益考量,给予了笔者高度的信任和宽容,感谢所有受访者大量的真实陈述,让笔者得到很多,在此也愿笔者的受访者安康顺意。

第五节　核心概念、章节安排与研究创新

一、核心概念

(一)乡村教育

有学者认为,"乡村教育,也称农村教育,主要指县和县以下单一的普通基础文化教育和农业技术教育。也就是指以城市以外的广大农村的学龄儿童和农民

---

① D.瑾·克兰迪宁:《进行叙事探究》,徐泉、李易译,重庆大学出版社,2015,第6页。

为教育的主体,以整个乡村社会为教育场所,以乡村建设和振兴国家为教育目标,以学校教育和社会教育相结合为内容的施教方式。"①这一说法显然窄化了乡村教育的内涵。事实上,农村教育实质上就是发生在乡村的教育,是现代教育在乡村的延伸与继承。"这种农村教育是弱化的城市教育,是在教育理念、教育资源、教育制度、教育方式与手段等方面非常缺失或落后的教育,是被歧视和需要改造与加强的教育。"②

宏观层面的乡村教育是服务于乡村发展和乡村建设的一切形式的教育,既包括学习教育也包括社会教育等多种形式,因此,其教育对象就不仅仅是在校学生,也包括乡村社会的其他主体。③

中观层面的乡村教育是指特定行政区划的教育,一般为县级行政区域以下的乡镇教育,在实践中既包括学习教育也包括其他形式的非正式教育,如文化教育、民俗教育等多种民间形式,其教育对象主要是广大适龄儿童和在校学生。

微观层面的乡村教育是特指乡村学校教育,它是一种正式的国家机构举办的社会事业型实践活动,其教育对象特指适龄儿童。

本书所讲的乡村教育特指中观层面的乡村教育。

(二)实践

皮埃尔·布尔迪厄(Pierre Bourdieu)在《反思社会学导引》中指出,"社会行动与世界之间的关系,并不是一个主体(或意识)与一个客体之间的关系,而是社会建构的知觉与评判原则(即惯习)与决定惯习的世界之间的本体论契合。因此,实践感在前对象性的、非设定性的层面上运作。"④质言之,正如华康德所言,布尔迪厄的关系主义导向方法论通过认识上的反思性实现学院式社会学眼光的社会学,从结构到场域,从规范和规则到策略和惯习,从利益和理性到幻象和实践感等维度实现突破性进展,为社会科学提供了一种方法论反思可能。一言以蔽之,布尔迪厄之所以提出一套实践理论,正因为他将实践活动看作是一种实践感的产物,是在社会中建构的游戏感的产物,表明实践是实实在在的逻辑,是一种自我矛盾的逆喻表达法,因此,基于实践感和游戏感的逆喻实践逻辑既不是客观主义者将行动理解成没有行动者的机械反应,也不是主观主义者把行动描绘成某种自觉意识和主观意图的产物。换言之,布尔迪厄的实践逻辑观将作为社

---

① 杨晓军:《区域视野中的乡村、学校与社会:清末民初东北乡村教育研究(1905—1931)》,光明日报出版社,2011,第20页。
② 吴亚林:《农村教育发展:概念重建与制度设计》,《郑州师范教育》2015年第3期。
③ 田静:《教育与乡村建设:云南一个贫困民族乡的发展人类学探究》,中央编译出版社,2013,第26页。
④ 布尔迪厄、华康德:《反思社会学导引》,李猛、李康译,商务印书馆,2015,第19-20页。

会行动的实践视作一种非预期性后果。①

本研究中持一种布尔迪厄意义上的实践观,将新型城镇化背景下乡村教育变迁的生成、样态、秩序等相关议题视作特定地域社会/场域中不同利益相关主体间基于特定互动规则和利益诉求而进行的持续性博弈,尤其在国家、市场和社会三大利益主体间因主体利益、阶层立场、价值观念等的多元化差异而出现的价值互动。但在上述过程中,笔者更加关注实践感和游戏感产生的非预期性后果。新型城镇化背景下乡村教育变迁的实践机制,是新型城镇化这一过程中乡村教育变迁工作系统的组成要素在特定的工作方式作用下实现目标的过程。因此,在结构—行动走向综合的当代反思性方法论前提下,通过结构化的行动和行动的结构化双重视角考察布尔迪厄意义上的实践逻辑将会发现作为一种动态过程之社会事实的隐秘。

二、章节安排

第一章:介绍本研究背景、国内外相关研究,在"小城镇依然是大问题"的新型城镇化战略下引出本研究对象、介绍田野地点和田野经历并反思研究过程;同时,介绍了乡村教育、实践等本研究直接相关的核心概念。

第二章:系统性考察皖中F县新型城镇化背景下乡村教育变迁的样态,具体包括新型城镇化的实施背景和具体策略,新型城镇化背景下不同教育实践主体(学校、家庭、村庄)面临的一系列现实困境。首先,新型城镇化背景下人口迁徙与流动已成为后乡土中国的一种新样态,它对后乡土性的生成具有不可替代的作用,也是乡村教育变迁的社会基础;其次,不同类型的乡村教育实践主体在流动性增强的快速城镇化进程中发生了不同程度、多元化的变迁;最后,基于教育制度的"嵌入性"属性及教育实践的社会性特征,提出新型城镇化背景下乡村教育变迁的实践样态的总体性分析框架。

第三章:从人口迁徙与流动的视角考察市场机制作用下乡村教育变迁的发生机制及其实践逻辑,具体包括人口流动下的家庭教育变迁及学校教育变迁。首先,随着新型城镇化进程的进一步加速,举家迁徙已成为人口流动的一种新常态,由此产生的留守儿童教育和流动儿童教育成为乡村教育变迁的首要实践维度,换言之,留守家庭和流动家庭(随迁家庭)成为人口流动背景下乡村教育变迁的两类基本样态。其次,人口流动对乡村学校教育也产生了不同程度的影响,且不同类型的学校教育的变迁样态和作用机制呈现出明显的差异化特征。最后,新型城镇化背景下市场机制对乡村教育变迁的另一个实践样态是"生源挤压",

---

① 安东尼·吉登斯:《社会理论的核心问题:社会分析中的行动、结构与矛盾》,郭忠华、徐法寅译,上海译文出版社,2015,第9—12页。

即优质生源向上流动使得乡村教育面临生源危机。

第四章：从历史变迁的视角考察新型城镇化背景下乡村教育的另一重要实践——撤点并校及其对乡村教育转型的影响机制。具体包括下述内容：首先，通过对F县Z镇撤点并校的历史考察和诠释，剖析其背后的现实基础和政策动因；其次，基于Z镇撤点并校事件的诠释性分析，反思性审视撤点并校对乡村教育产生的影响，包括教学实践模式、学校日常管理模式、师资结构及其再生产模式等多面向的影响；最后，通过反思性审视撤点并校对乡村教育产生的影响提炼出新型城镇化进程中前者对后者产生影响的作用机制。

第五章：在前两章的基础上引出了社会机制。第三章和第四章分别从市场机制和行政机制两个维度系统阐述了新型城镇化背景下乡村教育变迁的作用机制及其实践逻辑，本章从倒逼机制——学校教育的"制度衔接"与家庭教育的"功能替代"两个子维度——继续阐述在市场机制和行政机制有机作用下社会机制如何回应以使得乡村教育变迁实现自适应转型。首先，本章从"少年宫下乡"和"教师公寓制"两个具体制度入手，阐述变迁中的乡村学校教育制度如何实现与现代都市教育制度体系的有效衔接；其次，从"学生寄宿制"和"校园餐桌制"两个具体替代性功能切入，考察实践中乡村教育的另一重要实践主体——家庭教育——如何基于市场、政府、学校等多元教育主体实现功能替代；最后，基于学校教育"制度衔接"与家庭教育"功能替代"两个子维度的系统分析，提炼出乡村教育的社会倒逼机制及其能动性回应逻辑。

第六章：本章系统性反思当前学术界关于乡村教育转型的不同学术论争，包括新型城镇化背景下乡村教育当代转向的实践样态、"文字上移"的发生机制及其引发的社会后果以及中国当代乡村教育的本质回归及其复兴之路。首先，提出乡村教育转型的一个学理争论——"离农"抑或"为农"，就中国乡村教育转型的学术脉络演化路径而言，当代乡村教育的本质回归已成共识，但其蕴含的社会意涵并未引起学术界的高度关注或得到相关学者的有效阐释。其次，以F县乡村教育变迁的实践过程为例，从行政体制改革、经济体制转轨与社会结构转型的多维分析范式出发，采用市场机制、行政机制、社会机制多维互构的框架，系统性考察新型城镇化背景下乡村教育从"撤点并校"到"后撤点并校时代"的变迁机制及其微观实践逻辑。最后，提出乡村教育转型的社会学意涵及其多维互构论。

第七章：本章进一步提炼乡村教育转型的"多元互构论"，与结构功能主义和国家—社会二元对立分析范式进行理论对话，并用"多元互构论"回应乡村教育转型的各种论争；同时，反思整个研究过程并提出研究不足与研究展望。

三、研究创新

第一，本研究试图在中国社会经济结构转型大背景下，以皖中F县乡村教育变迁的实践过程为例,从市场—国家—社会三维一体层面采用市场机制、行政机制、社会机制多维互构的框架,系统性考察新型城镇化背景下中国乡村教育从"撤点并校"到"后撤点并校时代"的变迁机制及其微观实践逻辑。

第二,系统性反思当前学术界关于乡村教育转型的不同学术论争,包括新型城镇化背景下乡村教育当代转向的实践样态、"文字上移"的发生机制及其引发的社会后果以及中国当代乡村教育的本质回归及其振兴之路。

第二章　新型城镇化背景下乡村教育变迁的样态

本章系统性考察皖中 F 县新型城镇化背景下乡村教育变迁的实践样态,具体包括新型城镇化的实施背景和具体策略,新型城镇化背景下不同教育实践主体(学校、家庭、村庄)面临的一系列现实困境。首先,新型城镇化背景下人口迁徙与流动已成为后乡土中国的一种新样态,它对后乡土性的生成具有不可替代的作用,也是乡村教育变迁的社会基础;其次,不同类型的乡村教育实践主体在流动性增强的快速城镇化进程中发生了不同程度的多元化变迁;最后,基于教育制度的"嵌入性"属性及教育实践的社会性特征,提出新型城镇化背景下乡村教育变迁的实践样态的总体性分析框架。

第一节　新型城镇化的变迁

一、从城镇化到新型城镇化

所谓新型城镇化就是落实科学发展观,体现工业化、城镇化、信息化、农业现代化四化协调和经济建设、政治建设、文化建设、社会建设、生态文明建设五位一体的城镇化。其核心内容是"三五要点"。抓住五个难点,即农民工市民化、土地问题、城镇住房和公共服务问题、资金问题、历史文化传承问题。抓住五个战略重点:一是重视产业发展和城镇化互动;二是重视城乡一体化;三是重视就近城镇化;四是重视现代化城镇体系建设;五是重视五位一体。抓住五种基本手段:一是制定科学的系统的城镇化规划;二是建立政府引导、多方参与的运行机制;三是强化城镇化的法治保障;四是建立新型城镇化的评价体系;五是执行区别对待、分类指导的工作方针。① 社会学者则明确指出新型城镇化是一种人的城镇化,是主动城镇化,是城乡可持续发展与城乡双向流动的城镇化。所谓人的城镇化是相对于物的城镇化而言的,是指农村人口不断向城市转移,农民不断向市民转化,享受市民一样的公共服务,过上市民一样的生活方式,人的城镇化也可以称为市民化。人的城镇化包括下述四重内涵:第一,在生产方式上不仅意味着农民进入城镇,从农业生产转变为工业、服务业等非农产业就业,也包括农业产业的现代化,即从传统小农生产方式转变为现代职业分工体系中的新型职业农民。第二,在生活方式上它是指农村居民进入和融入现代文明的生活方式。第三,在文明素质上它是指无论是进入城镇还是留在乡村的居民,都随着生产和生活方式的转变而形成现代文明的行为、规范、意识和理念,特别表现为教育素质、守法素质和参与公共生活素质的大大提升。第四,在社会权益上它包括权利公平、机会公平、规则公平等一系列社会制度建设和完善,即城乡居民拥有平等的经济权利、社会权利、政治权利和发展权利②;同时,针对中国城镇化的基本特质——政府主导、大范围规划、整体推进以及在空间上有明显的跳跃性等,李强提出了推进模式的概念并指出中国城镇化的七大推进模式:建立开发区模式、建设新城模式、城市扩展模式、旧城改造模式、建设中央商务区(CBD)模式、乡镇产业化模式和村庄产业化模式。③ 另外,针对三个1亿人的实现路径,李强明确提出强化县域经济并通过就近(地)城镇化实现引导约1亿人在中西部地区就近城镇化,一方面,就近(地)城镇化可以大大降低都市过密化带来的非典型现代都市病④,降低城镇化成本,符合当前农民市民化的意愿和趋势;另一方面,就近(地)城镇化也符合中国区域发展不均衡、社会经济发展水平差异化程度较高的特殊国情,就近(地)城镇化符合人口迁徙和自由流动规律,是推进新型城镇化战略的重要举措。⑤ 南京大学张鸿雁则指出,从社会学视角而言,中国新型城镇化战略的顶层设计应包括下述维度:第一,创造合规风险管理型城镇化战略模式,构建城镇场所精神;第二,创造发展极城市—中心城市—小城镇地域空间一体化网状结构,建构城镇化地域产业价值链与地域产业分工体系;第三,创造民生福祉型城镇化,建构有特色的城镇充分就业体系。⑥

---

① 厉以宁、艾丰、石军:《中国新型城镇化概论》,中国工人出版社,2014,总序第6-8页。
② 李强:《中国特色新型城镇化发展战略研究(第四卷)——城镇化进程中的人口迁移与人的城镇化研究》,中国建筑工业出版社,2013,第52-53页。
③ 李强、陈宇琳、刘精明:《中国城镇化"推进模式"研究》,《中国社会科学》2012年第7期。
④ 张鸿雁:《中国"非典型现代都市病"的社会病理学研究》,《社会科学》2010年第10期。
⑤ 李强、陈振华、张莹:《就近城镇化与就地城镇化》,《广东社会科学》2015年第1期。
⑥ 张鸿雁:《中国新型城镇化理论与实践创新》,《社会学研究》2013年第3期。

二、转型中的县域城镇化

据《F县志(1986—2005)》(上卷)的文字记载,民国元年(1912年),撤庐州府,合肥直属安徽省(驻安庆)。民国三年(1914年)设道,合肥属于安庆道,民国十八年(1929年)撤道。民国二十二年(1933年)设行政专员督察区(简称"专区"),合肥县属三区,民国二十七年(1938年)6月,合肥县城被日军侵占,县政府迁至F县潜山乡鸽子笼圩子。民国三十七年(1948年)12月,F民主县政府成立,F县始建。民国三十八年(1949年)1月8日启用公章。县民主政府初驻紫蓬山麓小梁岗(今紫蓬山管委会梁岗社区),4月,迁驻上派河镇,10月,改名为F县人民政府。1950年,F县隶属于F县行署巢湖专区;1952年2月,F县改属F县行署六安专区。1958年9月,F县划属合肥市,1961年4月,F县又划归六安专区,1983年7月,F县复属合肥市辖至今。①

第一,《F县城总体规划城市发展目标与战略》将F县城市发展目标定位如下:接轨合肥,联动全省的先发城镇;立足皖中,辐射全县的中心城镇;强化产业,辐射全省的创新城镇;优势独具,合作发展的百强城镇;依山傍水,滨湖通江的生态城镇。

第二,《F县城总体规划城市发展目标与战略》将F县新型城镇化发展战略定位如下:极化中心,统筹城乡,积极构建经济活跃、社会生态宜人的合肥都市圈的一部分。

第三,《F县城总体规划城市发展目标与战略》将F县新型城镇化背景下的空间发展战略总体地位为"融入合肥都市圈"。(1)以合肥为中心,积极构建合肥都市圈,形成皖中一体化发展格局,优化配置区域资源,实现区域内部分工协作和城乡统筹发展,强化合肥的区域中心地位,有效发挥合肥的辐射带动作用,上融合肥,下带全县,以此促进县域经济的全面发展。同时使合肥由极化发展走向网络一体化发展的城市化道路,这将是一个长期的分阶段的发展过程。(2)F县经济的三个发展阶段:①中心集聚阶段——重点发展中心城镇,近期融入合肥,构建合F县南组团,形成中心城市的副中心;②轴向生长阶段——重点是在中心镇区外围,沿交通轴线分组团拓展,形成级配科学、功能结构和空间分布合理的城镇体系;③都市圈发展阶段——全面融入合肥都市圈,最终与合肥融为一体,实现立皖中、辐射F县、联动皖中的发展战略。

第四,《F县城总体规划城市发展目标与战略》将F县新型城镇化背景下的空间发展策略定位为合肥城市"141"空间结构的有机组成部分——西南组团的核心城区:(1)根据上派镇发展的自然地理条件,确定为副中心、组团式的空间

---

① F县地方志编纂委员会:《F县志(1986—2005)》(上卷),黄山书社,2011,第1-2页。

发展策略,上派镇最终将融入合肥,构成合F县南组团的副中心。(2)根据自然地形条件、上派镇的发展趋势分析,未来城镇空间将围绕合安路和派河构建,形成"一心、两轴、四组团"的空间格局。

第五,《F县城总体规划城市发展目标与战略》将F县新型城镇化背景下的产业化发展战略确定为如下几个方面:(1)经济增长要素。F县经济增长应逐步由现阶段主要资本投入转向主要依靠制度创新和技术进步。(2)产业选择。工业(制造业)和服务业双发展。着力发展技术密集型产业和劳动密集型产业。(3)产业发展重点。继续强化现有的支柱汽车及工程机械、家用电器、精细化工和日用化工作为支柱产业;积极促进创新的高新技术产业发展,特别注重产、学、研一体自主研发、自主创新产业发展;大力发展交通运输业、物流业和旅游业。

正如《2016年F县政府工作报告》所指出的,一方面,F县将要按照生产空间集约高效、生活空间宜居适度、生态空间山清水秀的要求,坚定不移实施五大功能分区战略,努力构建新城美乡的县域空间新格局,对照合肥国际化都市区,加快上派镇、桃花镇片区改造步伐,初步建成桃花工业园新型片区、新港南区,高标准建设产城融合示范区,加快完善乡镇基础设施和公共服务体系建设,发展壮大特色产业,着力打造一批集产业、生态和人文为一体的特色小镇,到2021年,全县常住人口城镇化率超70%,加快整村推进力度,全面完成美丽乡村建设,自然村庄环境整治实现全覆盖。

同时,坚持全域协调发展,提升城乡统筹发展水平。按照国际新城、特色集镇、美丽乡村协调发展的新型城镇体系,积极完善乡镇总规、控规和专项规划,大力推进乡村基础设施建设,提升公共服务水平,努力打造有亮点、可借鉴的城乡统筹新典范。

另一方面,发展社会事业利民,坚持教育优先,实施学前教育增量工程,认真落实新建小区配套园所建设,实施乡村学校支持计划,普及学生午餐工程,推进新高中、桃花工业园小学、职教中心二期等项目建设,建成桃花工业园中学、华南城中学、上派中心校北校区,启动县医院二期工程,积极创建三级综合医院,推进图书馆、文化馆、博物馆、文化传媒中心等场馆建设,编纂名村名镇志,实施唐五房圩等圩堡群修复,完成刘铭传纪念馆主体工程,提升淮军文化影响力。

第二节 乡村社会的变迁

一、乡村社会人口结构的变迁

据《F县志(1986—2005)》(上卷)的数据显示,1985年F县总人口为844 926人,1986年总人口为856 421人,此后每年都有所增加,至2004年增加到958 538人,平均每年增加5 673人。2005年全县共有家庭户301 032户,总人口970 432人,当年出生人口9 292人,死亡人口3 311人,人口自然增长率为6.16‰;同时,在人口总量变化中0~14周岁少年人口比例逐年下降,1990年为29.6%,2000年则为23.92%。① 根据《2016年合肥市人口变动抽样调查主要数据公报》的数据显示,2016年末,全市常住人口786.9万人,比上年增加7.9万人,增长1.0%;比2010年合肥市第六次人口普查时增加41.2万人,年均增长0.9%;占全省的比重为12.70%。而另据《F县2016年国民经济和社会发展统计公报》的数据显示,2016年末F县全县户籍人口81.41万人,其中乡村户口65.92万人,占总人口的80.97%,换言之,F县户籍人口的城镇化率约为19.03%。

随着新型城镇化进程的进一步加速和城镇化水平的不断提升,农村人口向城镇化迁徙越来越频繁,农村人口数量也出现了一定的结构转型,除因区划调整人口变动外,由入学、婚姻、务工等原因的人口迁入迁出就成为城乡人口结构变动的主要因素。据《F县志(1986—2005)》的数据显示,1986年迁入城镇人口17 898人,迁出农村人口15 062人;而2005年的数据显示,当年迁入城镇人口12 219人,迁出农村人口17 274人,当然,农村进城临时工的季节性迁徙并未纳入《F县志(1986—2005)》的数据统计中,换言之,实际中农村向城镇迁徙人口远远高出2005年的统计数据。据《F县年鉴2016》公布的数据显示,2015年末全县户籍人口80.25万人,其中,乡村人口49.18万人,常住人口75.3万人,实际上,2015年F县常住人口城镇化率已达到约61.28%②,换言之,六成以上的人口常年居住在F县城,这个数据与《F县2016年国民经济和社会发展统计公报》公布的数据——F县户籍人口的城镇化率约为19.03%,高出了约42.25个百分点,意味着约有33.91万人处于一种"半城镇化"状态,仍然需要周期性在县城和农村之间进行钟摆式流动和候鸟式迁徙,这也是目前F县乡村教育面临的一个

---

① F县地方志编纂委员会:《F县志(1986—2005)》(上卷),黄山书社,2011,第28页。
② F县党史研究室(地方志办公室):《F县年鉴2016》,安徽人民出版社,2017,第86页。

最大的问题,这种大量流动人口的"半城镇化"状态既不利于流动人口随迁子女的城市社会融入,也不利于农村留守儿童家庭教育和学校教育的有效联动,这也是当前中国农村教育转型与变迁不可忽视的结构性因素。

从县域人口分布密度也能看出 F 县新型城镇化背景下乡村人口结构转型的趋势。据《F 县志(1986—2005)》(上卷)的数据显示,2004 年全县人口分布密度平均为每平方公里 421 人,其中,城镇地域密度较高,上派镇每平方公里 1 097 人,三河镇每平方公里 773 人,县域中部山区人口分布密度较低,聚星乡每平方公里仅 251 人;因此,从上述数据中不难发现,随着新型城镇化进程的进一步推进,城镇化人口不断增加,表现为城镇区域人口分布密度不断增加,人口向城镇化流动已成为一个不可抗逆的发展趋势;同时,城镇区域人口分布密度增加的同时,乡村人口分布密度也呈现递减的趋势,这就被学术界称为城市"过密化"和乡村"过疏化"的地域发展过程。①

当然,这种城市"过密化"和乡村"过疏化"的地域发展趋势对乡村教育的影响无疑是巨大的,这不仅反映在县域教育布局规划中,也能在 20 世纪 80 年代末期至今的教育基本统计数据中得到部分印证。笔者在田野调查中发现,随着农村人口不断向县城流动聚集,传统乡村居民格局和人口分布不仅发生了"过疏化"趋势,也使得村落共同体面临解体风险,甚至在 21 世纪前十年发生的新农村建设过程中,F 县也曾一度出现过"撤村并居"的集中居住运动②,致使乡村中小学发生不同程度的撤点并校,当然,这一过程辅之以教育资源优化配置和乡村教师支持计划等一系列政策话语体系,这种行政机制下的乡村教育转型过程将在本研究第四章中进行详细阐述。

二、乡村社会生计模式的变迁

据《F 县志(1986—2005)》(上卷)的数据显示,根据 1990 年第四次全国人口普查数据的结果发现,F 县 15 周岁以上在业人口 526 137 人,占总人口的 58.65%,占劳动年龄人口的 95.91%,从事农、林、村、牧、渔、水利业的总人口为 448 377 人,占在业总人口的 85.22%,其中,农业劳动者 444 730 人,占农业总人口的 84.52%。工业在业人口 28 395 人,占在业总人口的 5.396%;建筑业在业人口 4 481 人,占在业总人口的 0.85%;交通邮电运输业在业人口 7 320 人,占在业总人口的 1.39%;商业、公共餐饮业、物资供销和仓储业 18 432 人,占在业总人口的 3.50%;房地产管理、公共事业、居民服务和咨询服务从业人口 3 283 人,

---

① 田毅鹏:《地域衰退的发生及其治理之道——一种发展社会学视域的考察》,《江海学刊》2017 年第 1 期。

② F 县地方志编纂委员会:《F 县志(1986—2005)》(上卷),黄山书社,2011,第 1-10 页。

占在业总人口的0.62%;卫生、体育和社会福利事业从业人口2 530人,占在业总人口的0.48%;教育、文化、艺术和广播电视事业从业人口7 945人,占在业总人口的1.51%;科学研究和综合技术服务事业从业人口87人,占在业总人口的0.02%;金融保险从业人口972人,占在业总人口的0.18%;国家机关、党政机关和社会团体从业人口4 315人,占在业总人口的0.82%。①

据《F县年鉴2016》公布的数据显示,2015年完成城镇化新增岗位就业人口34 587人,失业人员再就业率182%,就业困难人员帮扶就业率113%,动态消除零就业家庭;转移农村劳动力就业21 530人,开展职业技能鉴定4 408人,组织开展各类创业培训3 257人,城镇失业登记率3.7%,新增个体工商户3 118户,新增私营企业1 866户,新增非正规就业劳动组织53个,实现创业带动就业35 035人,发放就业失业登记证7 451本。②

同时,《F县国民经济和社会发展第十三个五年规划纲要》显示,"十二五"期间,三次产业结构由2010年的14∶63∶23调整为2015年的9.1∶67.6∶23.3,二、三次产业增加值占地区生产总值的比重达到90.9%,产业集聚发展水平进一步提升,家电、汽车、装备制造、计算机制造四大主导产业占工业经济比重达75%,三大园区规上工业总产值占全县的80%。

从上述数据的对比性分析中不难发现,随着F县新型城镇化步伐的进一步加快,城乡人口结构出现城市"过密化"和乡村"过疏化"的转型趋势后,生计模式也出现了"非农化"变迁的整体趋势。一方面,1990年第四次全国人口普查的结果显示,从事农、林、村、牧、渔、水利业的总人口为448 377人,占在业总人口的85.22%,其中,农业劳动者444 730人,占农业总人口的84.52%。换言之,20世纪90年代初期F县非农就业人口比例仅为15.48%,如商业、公共餐饮业、物资供销和仓储业18 432人,占在业总人口的3.50%,房地产管理、公共事业、居民服务和咨询服务从业人口3 283人,占在业总人口的0.62%,这也从生计结构角度印证了20世纪90年代初期F县是一个典型的农业型县城。另一方面,《F县年鉴2016》公布的数据显示,2015年完成转移农村劳动力就业21 530人,约占新增岗位就业人口(34 587人)的62.25%,换言之,F县2015年全年新增就业人口中有超过六成的劳动力来自农村就业人口,这就从生计结构转型角度印证了新型城镇化背景下人口城乡迁徙的基本规律和发展趋势,即"非农化"就业——尤其是"代际分工的半工半耕"家庭越来越成为"后乡土社会"中国农村家庭结构的新常态。③ 同时,笔者在田野调查中发现,这种"代际分工的半工半耕"

---

① F县地方志编纂委员会:《F县志(1986—2005)》(上卷),黄山书社,2011,第30页。
② F县党史研究室(地方志办公室):《F县年鉴2016》,安徽人民出版社,2017,第353页。
③ 陆益龙:《后乡土中国》,商务印书馆,2017,第4页。

家庭结构和抚育模式已成为乡村教育,尤其是留守儿童教育面临的一个重要的现实困境。一方面,家庭结构的周期性断裂不仅使得家庭教育应有的功能无法得到有效发挥,也会导致另一种现实困境——"隔代抚育",从而进一步增加农村老年人的社会负担,即若只考虑就业挤出效应,老龄化会抑制农村劳动力迁移,而若老年人从事隔代抚育则会促进农村劳动力外出就业[①];换言之,这种基于家庭微观决策的外出还是留守的"农村夫妻外出安排行为选择"对家庭结构和抚育模式均会产生不同程度的现实影响。[②] 另一方面,在无法实现家庭教育和学校教育有机联动的情况下,乡村教育改革也面临不同程度的制度性困境和结构性矛盾,这一点笔者在田野调查中深有体会,这种市场机制和行政机制共同作用下的乡村教育困境及其实践样态将在本研究第五章中进行详细阐述。

第三节 乡村教育的历史变迁

一、20世纪90年代乡村教育的样态

20世纪90年代以来,经历了普及初等教育、"两基"(基本普及九年制义务教育、基本扫除青壮年文盲)达标、扩大高中阶段办学规模三个发展阶段,中国教育在发展中进一步深化改革。其中,最典型的改革是"以县为主"的义务教育管理体制代替了"分级管理,分级负责"的体制传统;传统单一国家办学转变为办学主体多元化,公办、民办协调发展;单纯的普通基础教育扩大为普通教育、职业教育、成人教育统筹的"大教育"格局,适应素质教育的新课程标准也进一步催生了教学理念、教学方法的改革,"自主·合作·创新"的课题实验成果初步显现;同时,信息化、数字化的科技发展也进一步引领了教育教学手段的创新和变革。据《F县志(1986—2005)》(下卷)的文字记载,截至2000年末F县基本建成覆盖62所中小学的教育网络工程,实现全员聘用合同制。[③]

1. 小学教育。据《F县志(1986—2005)》(下卷)的数据记载,1986年,F县全县有小学547所,小学在校人数116 380人;1992年,县教育局确定32所小学为乡镇中心小学;1993—1994年度开始,取消小学留级制度,至1995—1996年

---

① 李超、罗润东:《老龄化、隔代抚育与农村劳动力迁移——基于微观家庭决策视角的研究》,《经济社会体制比较》2017年第2期。

② 李代、张春泥:《外出还是留守?——农村夫妻外出安排的经验研究》,《社会学研究》2016年第5期。

③ F县地方志编纂委员会:《F县志(1986—2005)》(下卷),黄山书社,2011,第597页。

度,适龄儿童义务教育入学率高达 99.95%。1996 年,县教委提出"调整 F 县中小学布局的意见",布局调整工作在北张等乡镇启动;1998 年,县政府下发《关于做好进一步调整中小学布局工作的通知》,小学布局调整工作进度得到进一步加快,高刘等乡镇一次性将多所村小撤并。1999 年,全县共有小学 477 所,在校学生 73 204 人;2003 年,县政府决定撤销上派镇一小、四小,合并组建为"F 县实验小学";四合小学、沈店小学、井王小学等并入初中,组建成九年一贯制学校。

(1) 课程设置。1986—1993 年小学开始语文、数学、思想品德、自然、地理、历史、音乐、体育、美术、劳动等课程;每周各年级课时数为 25~30 节不等;1992 年,根据学校工作实际情况,每周增加 1 节健康教育课程和 1 节手工制作课程;1993 年,实行国家教委九年义务教育全日制小学课程计划和教学大纲,开设语文、数学、思想品德、自然、社会、音乐、体育、美术、劳动、人口与环境等课程;2001 年,全县 23 个乡镇中心小学和部分村小从三年级开设英语课程;2002 年秋,全县实施小学五年制改为六年制,开始课程基本不变。

(2) 教学管理。1986—1992 年,由乡镇教育办公室对所属小学进行教育管理,主要通过建章立制、学期检查和小学升初中的成绩比较,对各小学进行年终评价;1992 年,乡镇教委成立,从执行课程教学计划情况、教育教学常规管理情况、环境卫生及环境育人情况、教育教学质量情况、教育教学研究情况和各项活动开展六个方面对各小学进行综合评估;2003 年,乡镇中心校成立,负责本乡镇的小学教育教学工作、教育统计工作,负责管理教育教学资料等;1986—1996 年,县教育局(教委)对小学进行常规督导,加强指导和管理工作;1997 年起,县教委每学期期末开展对小学教学质量调研测评;1998 年,县教委制定《中小学教育教学视导评价表》;1999 年,县教委制定《F 县小学教学质量评价方案》,每年对乡镇中心小学进行视导和年末综合评价,该方案在全县小学推行。

(3) 教研教改。1986—1992 年,乡镇教育办公室负责本乡镇内小学的教研工作,主要形式为组织教师集体备课,举办公开课、观摩课等;县教委负责全县内校际的教研工作;1992 年,乡镇教委成立学科教研组,制定教研计划,明确教研内容,进行教研教改交流和探讨,定期开展示范课、观摩课等教研活动;全县以原七区二镇区划为基础,成立 9 个小学教研分会,协调、组织有关乡镇的小学开展教研活动。1986—1992 年,县教育局以小教室和教研室为主体,成立小学语文、数学、自然等学科学会,指导、组织、开展教研活动;1993—2005 年,以小教室为主体,成立小学各学科专业委员会,指导各乡镇小学的教研工作,组织开展全县性的教研活动,如青年教师课堂教学大奖赛,各学科中青年教师课堂教学观摩比赛,小学教师业务达标活动,九年制义务教育小学语文、数学教学论文评选活动,优质课评比活动,教学技能评比活动等。

2. 初中教育。1986 年,F 县全县共有初中 46 所,小学附设初中班 3 所,12

所完全中学和金桥职业高中均设有初中部,全县在校初中生38 819人。1987年,官亭中学改为完全中学,聚星中学改为初级中学;1988年,新办高刘二中(初中);1992年,甘埠小学初中班改为桃花中学;至此,F县全县共有初中49所,小学附设初中班2所,12所完全中学和金桥职业高中仍设初中班;全县每个乡镇均有1~2所初中;至1995—1996学年度,初级中等教育适龄学生入学率达到96.63%,1996—1997学年度,初级中等教育适龄学生入学率高达98.10%,符合国家"普及九年义务教育"标准的要求。1996年以后,全县启动中小学布局调整,1997年撤并三河二中、花岗二中、巢湖小学初中班、烟墩中学、桃花中学,因地域调整,上述学校划入合肥经济技术开发区;1998年,撤并丰乐二中、河东中学、洪店中学;2001年撤并童大井小学初中班;2002年,F县中学不再设初中部;2002年,F县中学和F县二中共建实验中学,设于F县二中内。2005年,全县共有初中42所(其中井王中学、湖滨中学、四合中学、沈店中学、焦婆中学、界河中学为九年一贯制学校),11所完全中学和金桥职业高中设初中部;全县共有初中生43 965人,初级中等适龄人口入学率达到97.04%。

(1)课程设置。1986—1992年,初中按部颁标准采用九年制义务教育教材开设课程,具体开设课程有:语文、数学、英语、政治、历史、地理、生物、物理、化学、音乐、美术等,每周42节课;1992年,采用新版教材,根据新版教材和教育部规定开设课程;1996年起,增设劳动技术课;随着双休日的实行,每周总课时为35节;2002年起,有条件的学校增设电脑课程(信息技术教育);2004年起,随着新课程改革设置课程,采用新版教材,开设的课程在原有基础上,增设"综合实践""地方与学校"等课,对学生进行健康教育、法治教育、国防教育等。

(2)教学管理。初中的教学管理工作,主要由校长负责,班级设置、教师的岗位使用均由学校负责安排,教导处负责具体的业务工作;依据区域管理原则,1986年9月至1992年3月,学校的教育教学管理分别由所在地的区、乡(镇)政府负责,具体事务由区教育组和乡(镇)教育办公室负责经办,主要工作是对所属中学进行适当投入,以改善办学条件,配合学校搞好人事调配工作,传达、安排教育教学工作,对学校教育教学工作进行督促、检查;1992年,撤区并乡后,至2003年12月,由乡镇教委负责初中的教育教学管理,乡教委设中教干事1名,配合学校校长、教导主任开展教育教学工作;2003年底到2004年初,乡镇中心校成立,由中心校负责辖区内的初中教育教学管理工作,县教育局由中学教育办公室负责初中的教学管理、督促和检查,经常性的教育教学视导和检查除外。

(3)教研教改。学校设学科教研组,开展教研工作,主要为集中备课、互相听课、举行公开教学等。1986—1992年,由区教育组织辖区内的初中开展校际的教研活动,区教育组撤销后,全县按原来的七区二镇的区划,成立8个教研片,负责组织和开展校际的教研工作。县教育局由中教股和教研室(后合并为中学教育办公室)安排、组织、开展初中的教研工作,并成立初中各学科的教学研究会(现为学科专业委员会),具体负责开展全县性的教研工作,如开展青年教师业务达标活动、优质课评比、教坛新星和教学技能评比活动,组织全县的教学示范课、课堂教学观摩评比等。1998年在31个乡镇初中开展初中后"3+1"职业教育试点,参训学生达到1 030人,1999—2000学年度,开始实施初中后"3+1"绿色证书培训,并于2000—2001学年度向全县推广,共举办短期培训班316期,28 000余人接受培训;2002年,在南岗、聚星、滨湖等初中进行"二一分段,初三分流"教学试点。

(4) 教学手段。初中教学手段比较单一,1986年后,教学实验有所加强,大多数初中能够开展物理、化学课的演示实验;1990年,在董岗中学等10个农村中学建立实验中心,辐射周边学校;1995年,县教育局制定中学实验、图书、艺术、体育器材配备及实施意见;1996年初中教育仪器配备率达100%,物理、化学课的演示实验基本能做,学生动手实验能力大大提升;1997年开始,部分学校开始电化教学设备建设,至2000年,大柏中学等20所学校达一、二类达标学校,实现多媒体教学;2004年,国家、省、县投入1 461.9万元,在F县中小学实施远程教育工程,42所初中和11所完全中学初中部成为有卫星收视设备、计算机教室、多媒体投影仪的学校,教学手段逐渐趋于现代化。

3. 高中教育。1986年,全县完全中学高中共有12所;1990年前化岗中学、丰乐中学、官亭中学、校庙中学、肥光中学、二中、三中等学校尚属于二年制高中,F县中学、三河中学、农兴中学、山南中学、高刘中学为三年制高中;1991年,全县完全中学均为三年制高中。1986年,高中招生仅为40个班,2 246人(含私立中学428人),中间10多年一直徘徊在40个班左右,1999年起高中招生才有一个较大的发展,到2005年,招生已达96个班,5 530人;高中办学条件不断提高和改善,教学设施逐步向信息化、现代化发展,各校先后扩建了语音室、电脑室、多媒体教室,科学馆、实验馆满足了学生学习和教师教学需求,F县中学、F县三中、农兴中学达国家Ⅰ类标准,其他完全中学均达国家Ⅱ类标准。

(1) 课程设置。高中开设的主要课程有:语文、数学(代数、几何)、英语、物理、化学、政治、历史、地理、生物、体育等;随着课程的改革,高中课程又增设了信息技术课程、艺术欣赏课程和劳动技术课程;1999年F县中学初中部停止招生,2002年初中完全剥离,成为高级中学,2002年F县中学被评为市级示范高中,2003年通过省级示范高中验收;农兴中学、F县三中也相继通过示范高中验收。

(2) 教学手段。高中教育在传统教育手段基础上,不断推进现代化教育,把培养学生能力、发展学生智力作为教育核心,全面推进素质教育;20多年来,为全国各类高等学校输送了26 075名(其中大学本科为7 986人)合格新生,并为社会培养了各类人才,在合肥市及三县的高考、会考评比中,F县均处于领先地位;广大高中教师在不断提高教学质量的同时,积极参加教研活动,通过总结提高写出大量教学论文,20多年来在全国各级刊物上共发表论文1 300多篇。1990年起,民办高中也有所发展,一开始以成人高中出现,如向明中学、协力中学、城西中学、长江中学等;2003年起,合肥恒缘高中、合肥宏图中学由市教育局正式批准试办,现已形成规模,在校高中学生人数已达2 000人。

4. 教师队伍。1986年,F县全县教职工7 041人,其中,中学教师1 897人,小学教师2 052人,幼儿园教师148人,民办教师(含民办工人)2 917人。2005年,全县教职工7 231人,其中,女性教师2 053人,高中教师1 334人,初中教师1 765人,小学教师3 891人,幼儿教师205人,特教18人。就教师学历结构而言,在全县教职工总人口中,大学本科学历1 736人,专科学历2 482人,中专学历2 851人,根据《中华人民共和国教师法》的基本规定,F县高中教师合格率为75%,初中、小学教师合格率为100%。

(1) 师资管理工作。在整个师资管理中,F县始终坚持"管理、服务、教育、改革"的基本方针,贯彻《中华人民共和国教师法》《中华人民共和国教育法》等法律法规,提高教师认知,树立教书育人的理念,实行编制总控制,各单位不得随意进人,制定各种规章制度,做到行动有章可循,人员流动有序,各方面管理活动有条不紊。

(2) 教师服务工作。F县积极评选表彰先进个人和集体,评定职务职称,不断提高教师工资,民办教师转为公办教师,教师家属、子女农转非;鼓励教师在职进修,支持教师函授自考,分配指标脱产进修,成立专门机构,抓好在职教师继续教育,分期分批次进行业务岗位培训;深化职称评聘改革和人事制度改革,实行教师职务评、聘公开,实行教师资格制度,实行聘用合同制。

(3) 专业技术职务评聘工作。根据《中学教师职务试行条例》《小学教师职务试行条例》,F县于1987年7月成立"教育职称改革领导小组",11月成立了"F县中学教师中级职称评审委员会""F县小学教师高级职称评审委员会",对全县中小学公办教师试行职务评聘;同时,教师职务实行结构化比例控制,评聘合一;2000年,全县评审了中学高级教师50名,实际只聘任了36名,评审了中学一级教师103名,实际只聘任了92名。2001年,首次在社会力量办学单位——小天使幼儿园进行教师职务评定工作,评了9名小学初级职务。

(4) 继续教育工作。1995年,F县开始继续教育工作,1997年3月,县教委发了《关于教师培训的通知》,1998年6月,县教委制定了《F县中小学(幼儿园)教师继续教育"九五"规划》《F县中小学(幼儿园)教师继续教育工作实施意见》,同时,落实了继续教育经费渠道,解决了教师继续教育基地的问题;至1999年末,全县近8 000名教师都集中培训了一遍;1998年,全县获合肥市师资培训工作"先进集体"称号,7人获"先进工作者"称号。2000—2005年,2 704名中学教师、2 727名小学教师接受了岗位培训,2 294名教师接受了计算机科目中级培训,3 370名教师接受了初级培训,素质统考中3 361名教师合格,200名教师接受了"英特尔R未来"教育培训,574名新任教师接受了培训。

(5) 教师资格认定工作。1996年,按照《中华人民共和国教师法》的基本规定,国家教委颁布了《教师资格认定的过渡办法》,1997年开始实施教师资格认定过渡工作,F县对1993年12月31日在册的符合过渡条件的教师进行了教师资格认定,经审查合格的教师资格:幼儿园138名,小学5 742名,初中1 678名,高中526名,成人高中4名,中专47人,指导教师6名。2001年12月,县教委成立了"F县教师资格制度实施工作领导小组",根据《安徽省教师资格制度实施细则》的规定,2002年后,对教育系统1994年1月1日以后参加工作的人员和对社会上符合教师条件的大中专院校毕业生进行认定。

二、21世纪以来乡村教育的变化

据《F县年鉴2016》记载[①],2015年,F县共有各级各类学校127所;其中,小学67所,教学点17个,初级中学15所(含1所民办),九年一贯制学校12所,高级中学3所,完全中学5所(含民办3所),职业高中学校5所(公办3所,民办2所),中等师范学校1所,中等职业技术学校1所,特教学校1所。全县幼儿园97所(公办25所,民办72所),看护点25所,在园幼儿21 906人。全县现有中小学生75 847人,其中,小学生38 180人,初中生16 603人,普高学生13 775人,职高学生7 218人,特教71人。在职教职工5 200人,专任教师4 980人,其中,高中、职高教职工1 089人,初中教职工1 242人,小学教职工2 719人,特教教职工18人,幼儿园教师132人。高中教师本科以上1 024人,占比90%,研究生学历60人,占比5.5%;初中教师本科以上974人,占比78.4%。全县特级教师5人,市级学科带头人24人,市级骨干教师156人,县级骨干教师673人,市县级拔尖人才10人。目前,全县已建成中小学名师、名班主任、名校长工作室21个,基本形成以特技教师、学科带头人、骨干教师为引领的名师建设团队。2015年,F县成为国家首批义务教育教师队伍"县管校聘"管理规范示范区,在全省率先尝试教师无校籍管理工作,在第四届全国教育改革创新典范案例推选颁奖暨创新成果展示活动中,F县教师无校籍管理和校长职级制改革荣获全国教育改革创新特别奖。2015年底,F县以全省第一名的好成绩,高标准通过义务教育基本均衡县国家认定。

1. 义务教育阶段。进入21世纪以来,F县加大中小学布局调整力度,优化教育资源配置。义务教育阶段生均公用经费拨款标准不断提高,免除义务教育

---

① F县党史研究室(地方志办公室):《F县年鉴2016》,安徽人民出版社,2017,第322-324页。

阶段公办学校学生的学杂费、簿本费和教材费,免除义务教育阶段民办学校学生的簿本费和教材费。加强教育经费统筹,加大对农村地区教育经费的投入力度;县域内按不同类型分别发放农村教师津补贴;建设教师公转房,就地解决农村教师住房问题;开通校车,方便农村孩子上学和放学。从 2010 年到 2015 年,全县完全小学由 181 所调整到 67 所、17 个教学点;小学在校生从 60 937 人减少到 38 180 人;初级中学数量由 37 所(含九年一贯制学校 11 所)减少到 27 所(含九年一贯制学校 12 所);初中在校生从 31 915 人减少到 16 603 人;五年来,全县 6~11 周岁人口小学入学率、巩固率、毕业率、15 周岁人口小学教育完成率均稳定在 99% 以上。12~14 周岁人口初中入学率稳定在 98% 以上,初中生辍学问题基本解决,全县 17 周岁人口完成率在 95% 以上。2015 年,F 县全县小学适龄儿童入学率 100%,残疾儿童入学率 98.4%,初中阶段入学率 100%,巩固率 99.50%,全县初中毕业考试平均分数为 576.85 分,比上年提高了 26.49 分。

2. 高中教育阶段。从 2010 年到 2015 年,高中阶段学校数由 13 所减少到 8 所(高级中学 3 所,完全中学 5 所,其中民办完全中学 3 所);在校生由 15 720 人减少到 13 775 人,全县高中阶段毛入学率达 83.96%。全县高考应届本科达线人数逐年上升,高中学业水平测试合格率一直处于较高水平。2015 年,全县初中毕业生人数 5 885 人,普通高中录取 4 189 人,录取率为 71.18%,其中,普通文理科毕业生 4 898 人,一本达线 743 人,普通本科达线 2 513 人,本科达线率为 51.31%,比上年增长了 1.18 个百分点。

3. 教育基础设施建设。进入 21 世纪以来,F 县教育经费投入全面实现了"三个增长"目标,2012—2015 年教育经费预算内拨款分别为:2012 年 54 158.5 万元,2013 年 63 871.5 万元,2014 年 77 188.9 万元,2015 年 113 430.15 万元,分别较上年增长 16.15%、17.93%、20.85%、46.95%。按照布局合理、设施完备的要求,加大教育投入,优化教育资源配置,先后实施了"校安工程""薄弱学校改造工程""中小学标准化建设工程"等,大力推进农村学校运动场改造、旱厕改造、自来水接通等多个项目,实现了全县"班班通"配备率 100%,先后实施薄弱学校改造项目 37 个、初中工程项目 9 个,维修改造和新建 70 多所中小学运动场,实现了全县义务教育阶段学校办学条件全部达标。2015 年,投入资金 8 700 万元,迁建、新建 3 所中心学校,建筑面积达 34 000 平方米;投入资金 4 800 万元,新建 1 所小学,建筑面积 18 400 平方米;投入 1 500 万元,新建 1 所幼儿园,建筑面积 3 200 平方米;投入资金 1 150 万元,扩建 1 所中心学校,建筑面积 3 800 平方米;投入 940 万元,新建学生公寓 3 幢,建筑面积 4 200 平方米;投入资金 350 万元,新建学生食堂 4 幢,建筑面积 1 850 平方米;投入资金 170 万元,新建学生浴室 3 座,建筑面积 200 平方米;投入资金 666 万元,对 29 所小学进行旱厕改造,建筑面积2 220平方米;投入资金1 500万元,新建、扩建11所中小学的运动场,建筑面积78 000平方米;投入资金1 600万元,对90多所中小学教育教学、学生生活用房进行维修,保证了正常教学和学生生活的需求。

4. 教育教研活动。2015年,F县教育局开展特色教研活动,推动30所学校完成学校章程和三年发展规划的编制工作,评选出学校品质提升成果集《立本》《问津》《揽胜》,积极推进社会主义核心价值观教育研究,组建5个教研团队,评选出12本优秀校本教材,开展"研学行思"主题教研活动,举行第二届教师教学基本功大赛,累计获奖453人,市级教改课题立项49个,县级教改课题立项61个,有4个省级和10多个市级项目顺利结题。开展F县教科研基地、F县课改示范校评选工作,评选董岗中学数学组等18个教研组为F县先进教研组,桃花中心学校语文组等5个教研组被评选为合肥市先进教研组。

5. 教育现代化建设。2015年,全县投入4 000余万元提升全县教育信息化硬软件建设,其中,投入经费200万元建设理、化、生数字化实验室和3D打印创客教室各1个;投入资金1 000余万元,建设F县教育城域网和视频会议系统;投入资金1 300万元,完成公办幼儿园等220套多媒体远程教育设备和30个计算机教室的增配工作,生机比达到9∶1;投入资金790万元,配备教师用机,师机比达到1∶1目标;投入资金430万元,完成图书馆和阅览室等内涵配置、中小学互联网宽带接入,20M以上接入率达到100%。全县制定《F县教育信息化发展规划(2015—2020年)》,全面推进F县教育信息化进程,打造智慧教育;同时,开展多种形式的教育技术应用培训和教学大练兵活动,多人次获得国家、省、市奖励。

6. 师资队伍建设。(1)教师总量基本满足教育事业发展需要:至2015年12月底,F县实际在编在岗教职工5 211人,其中高中、职高教职工1 111人,初中教职工1 153人,小学教职工2 768人,特教教师17人,幼儿教师162人。(2)专任教师素质明显提高。高中段教师本科以上1 057人,占专业教师总数96.1%,研究生学历88人,占专任教师总数8%;初中教师本科以上992人,占专业教师总数78.6%;小学教师专科以上2 246人,占专业教师总数81.1%。(3)教师队伍结构日趋合理。全县专任教师中,男35岁以下、女30岁以下,计1 326人,占25.5%;男36~45岁、女31~40岁,计1 832人,占35.2%;男46~55岁、女41~50岁,计1 521人,占29.3%;男55岁、女50岁以上,计521人,占10%。音乐、体育、美术、小学英语、综合、科学等学科教师力量不断加强;中职学校现有"双师型"教师70名,占专业教师29.1%。(4)骨干教师不断涌现。全县特级教师8人,市级学科带头人21人,市级骨干教师153人,县级骨干教师673人,市县级拔尖人才10人。建设名师、名班主任、名校长工作室21个。(5)中小学管理干部管理能力不断加强。现有具法人单位学校55所,其中男校长(园长)53人,女校长(园长)2人;55岁以上3人,50~54岁23人,45~49岁18人,40~44岁7人,40岁以下4人;本科学历44人,大专学历9人,研究生学历2人。

正如《F县教育事业"十三五"发展规划(2016—2020)》所指出的,打造F县教育升级版,实现学前教育普及化、义务教育高位均衡化、普通高中优质化、职业教育特质化,实现更高水平的普及教育、形成惠及全民的公平教育、提供更加丰富的优质教育。到2018年,高水平普及15年基础教育,提前2年实现《国家中长期教育改革和发展规划纲要(2010—2020年)》各项目标任务;到2020年,基本实现教育治理体系现代化。

一方面,优化配置教育资源。实施《F县中小学布局调整规划》,加快推进城关片区、大桃花片区学校建设力度,补齐该片区布局短板,进一步加大部分乡镇中小学建设力度,改善办学条件,发展寄宿制学校;深入推进内涵发展,超高对接教育先发展地区,实现规划建设的基本现代化、师资水平的基本现代化,教育教学管理的基本现代化,课程设置的基本现代化,教学评价的基本现代化,教育信息技术的基本现代化,应用并发展互联网+教育,最终实现F教育的基本现代化;同时,均衡发展义务教育,全力打造义务教育学校标准化建设和均衡发展的升级版,通过实施标准化管理,促进内涵发展,提升办学品质,促进城乡学校一体化发展,实现城乡教育高位均衡、特色发展,促进教育的优质化、开放化、特质化和现代化。到2020年,在义务教育阶段学校中,合肥市新优质学校要占总数的30%;合肥市素质教育示范学校要占总数的30%;全力打造2~3所在市内有一定知名度和影响力的义务教育龙头学校。另一方面,优质发展高中教育,率先在全市普及高中教育。整合、优化高中教育资源,构建高中办学新格局;引进知名高中学校,通过合作办学,带动县域高中优质发展;全方位与高考制度改革接轨,积极探索选修课的走班教学;巩固高考本科达线率合肥五县(市)前列水平并进一步提升,力争到2020年,位居全省县域前列。

随着经济社会快速发展和科技的日新月异,以学校为中心的传统教育已不能适应广大人民群众日益增长且不断变化的多样化、个性化教育需求。这就要树立"终身教育"理念,继续完善终身教育网络,实现由在校生为主体向全体居民为主体的转变,实现由满足单一学习需求向多样化学习需求转变。F县具有优越的区位和良好的环境,基础设施较好,交通便捷。F县教育也面临难得机遇,要紧扣"全市科学发展主战场、全省科学发展排头兵、全国科学发展模范县"的创建目标,坚持全县"加快发展、统筹发展、融合发展、转型发展"不动摇,把握教育改革与发展大势,研判教育新常态,对标先发地区教育,着力做好顶层设计,借力借势,奋力突破,努力实现教育与经济社会发展同频共振。

一方面,弘扬"学为人师、行为世范"的理念,强化教师立德树人、教书育人的责任感,坚持师德为先,建立师德评价办法和师德师风监督平台,将师德表现作为教师绩效考核、职务评聘、岗位聘用、评优评先的首要依据,实行师德"一票否决制"。将师德建设作为学校办学质量的重要指标,构建教育、宣传、监督、考核和奖惩相结合的师德建设长效机制。坚持正确导向,开展师德师风示范学校、师德先进个人评比表彰活动,加大优秀师德典型的宣传力度。同时,加快教师队伍建设,制定教师队伍建设五年规划,根据布局调整、学校规模、学生数变动及教育教学需求等情况,从年龄、学科、岗位、师生比、班师比上整体规划全县师资队伍建设。建立总编控制、合理分配、动态调整的编制管理制度。对各级各类学校实行每年核编一次,建立与编制相对应的专业技术岗位调控和聘任制度。严把教师入口关,建立优秀教师引进绿色通道,重点引进在职优秀教师和全国重点师范大学优秀毕业生。完善自然减员与新招录教师相协调的补充机制,对结构性缺编教师予以重点引进,确保开齐开足规定课程。努力打造一支数量充足、结构合理、充满活力的高素质教育人才队伍。F县2016—2020年教育规划建设项目情况如表2-1所示。

表2-1 F县2016—2020年教育规划建设项目情况一览表

序号	项目名称	项目规模及内容	实施年度
1	严店乡中心学校迁址	规模36个班	2016年
2	桃花工业园中学	规模48个班	2016年
3	华南城中学	规模48个班	2016年
4	桃花工业园小学	规模48个班	2016年
5	新港南区小学	规模36个班	2016年
6	F县师范教学楼、实验楼、综合实训楼等	建筑面积约42 800 m²	2016年
7	花岗镇中心学校	规模48个班	2017年
8	桃花镇中学	规模48个班	2017年
9	上派镇小学	规模48个班	2017年
10	F县师范特教综合楼、体育馆、男生公寓楼等	建筑面积约40 800 m²	2017年
11	国际学校	规模48个班	2017年
12	严店乡中心幼儿园	规模15个班	2018年
13	上派镇小学	规模48个班	2018年
14	华南城小学	规模36个班	2018年
15	F县青少年校外活动中心(新)	规模24个班	2018年

续表

序号	项目名称	项目规模及内容	实施年度
16	花岗镇初中	规模36个班	2018年
17	上派镇初中	规模48个班	2019年
18	上派镇小学	规模48个班	2019年
19	花岗镇初中	规模48个班	2019年
20	花岗镇高中	规模60个班	2020年
21	华南城小学	规模48个班	2020年

另一方面，打造教师成长平台，建立全员参与、专家引领、合作探究的教师学习平台，建立融教学、研究、培训为一体的教师继续教育网络。全力打造"11 369工程"和"菜单式全员培训工程"（即3年高端培训优秀校长10名、优秀教师100名，专项培训教育干部300名、优秀班主任600名、骨干教师900名；建立全员培训菜单化），实施教师学历提高计划，鼓励教师在职研修，全面提高学历层次。设立专项经费，实施名师、名校（园）长培养与引进工程，突出骨干教师、学科带头人、名班主任的选拔培训和引进，建立名师、名校（园）长工作室。5年内，培养和引进700名市县骨干教师或学科带头人、6名省特级教师、200名县内外有影响的名班主任，建成涵盖中小学主要学科的"名师工作室"团队，培养5名市级名校（园）长，2名省级名校长，实现不同类型的学校都有"名校（园）长工作室"的目标。F县教师队伍建设"十三五"规划如表2-2所示。

表2-2 F县教师队伍建设"十三五"规划表

年份	类型	学生数（个）	教师总数（个）	教师招录新建学校（所）	教师招录结构缺编（个）	教师交流新建学校（所）	教师交流结构缺编（个）	生师比	名师培养（个）	学历层次
2016年	幼教	6 000	191		50				10	专科以上90%
	小学	44 000	2 597	100	79	150		17∶1	340	专科以上90%
	初中	18 000	1 575	20	80	10		12∶1	260	本科以上85%
	高中	8 000	637	10		10		13∶1	60	研究生9%
	职高	2 000	141					14∶1	15	研究生9%
	师范	2 700	117					23∶1	15	研究生9%
	小计	80 700	5 258	180	159	170			700	

续表

年份	类型	学生数（个）	教师总数（个）	教师招录 新建学校（所）	教师招录 结构缺编（个）	教师交流 新建学校（所）	教师交流 结构缺编（个）	生师比	名师培养（个）	学历层次
2017年	幼教	6 500	241		50		5		10	专科以上95%
	小学	46 300	2 559		100	122	150	18∶1	340	专科以上95%
	初中	20 800	1 574		20	150	10	14∶1	260	本科以上90%
	高中	9 000	643	100	10	10	10	13∶1	60	研究生11%
	职高	2 000	139					14∶1	15	研究生11%
	师范	2 700	116					23∶1	15	研究生11%
	小计	87 300	5 272	100	180	282	175		700	
2018年	幼教	7 000	289		50		5		10	专科以上96%
	小学	50 900	2 516		100	191	150	20∶1	340	专科以上96%
	初中	24 000	1 567		20	235	10	16∶1	260	本科以上95%
	高中	10 500	746	100	10	10	10	14∶1	60	研究生12%
	职高	2 000	137					14∶1	15	研究生12%
	师范	2 700	112					24∶1	15	研究生12%
	小计	97 100	5 367	100	180	436	175		700	
2019年	幼教	7 500	310		50				10	专科以上96%
	小学	51 400	2 524		100	40	150	20∶1	340	专科以上96%
	初中	24 500	1 530		20		10	16∶1	260	本科以上95%
	高中	10 500	750		10		10	14∶1	60	研究生12%
	职高	2 000	140					14∶1	15	研究生12%
	师范	2 700	120					22∶1	15	研究生12%
	小计	98 600	5 374		180	40	170		700	
2020年	幼教	7 500	330		50				10	专科以上96%
	小学	51 400	2 500		100	69	150	20∶1	340	专科以上96%
	初中	24 500	1 530		20	25	10	16∶1	260	本科以上95%
	高中	10 500	750		10	330	10	14∶1	60	研究生12%
	职高	2 000	140			180		14∶1	15	研究生12%
	师范	2 700	125					23∶1	15	研究生12%
	小计	98 600	5 375		180	604	170		700	

注：1. 学生数按公办学校预测；2. 省颁标准师生比为：小学县镇1∶22、农村1∶23，初中县镇1∶17、农村1∶18，高中县镇1∶14、农村1∶13.5。另外，幼儿园每个班级的教师配置为"两教一保"。

另外,提高农村教师待遇,农村任教服务津贴的发放标准逐年适度递增;职称评聘向长期在农村Ⅲ类、Ⅳ类地区任教的教师倾斜;定期实行教师免费体检制度;县城及周边学校教师到农村学校驻点支教、完全中学富余教师到初中或小学驻点支教、初中富余教师到缺编初中或小学驻点支教,发放生活补贴。依托国家保障房项目,将农村边远地区教师住房纳入地方保障性住房体系,分期分批建设教师公租房,解决农村边远地区教师住宿难问题。建立健全教师公租房管理制度和退出机制,严格监管,发挥使用效益。

第四节 本章小结

新型城镇化背景下人口迁徙与流动已成为后乡土中国的一种新样态,它对后乡土性的生成具有不可替代的作用,也是乡村教育变迁的社会基础。本章系统性考察新型城镇化背景下乡村教育变迁的实践样态,具体包括新型城镇化的实施背景和具体策略,新型城镇化背景下不同教育实践主体面临的一系列现实困境。

首先,城镇化是伴随工业化发展,非农产业在城镇集聚、农村人口向城镇集中的自然历史过程,是人类社会发展的客观趋势,是国家现代化的重要标志。就F县的现实情况而言,一方面,F县将要按照生产空间集约高效、生活空间宜居适度、生态空间山清水秀的要求,坚定不移实施五大功能分区战略,努力构建新城美乡的县域空间新格局,对照合肥国际化都市区,加快上派镇、桃花片区改造步伐,到2021年,全县常住人口城镇化率超70%,加快整村推进力度,全面完成美丽乡村建设,自然村庄环境整治实现全覆盖;另一方面,实施乡村学校支持计划,积极创建三级综合医院,推进图书馆、文化馆、博物馆、文化传媒中心等场馆建设,编纂名村名镇志,实施圩堡群修复,完成刘铭传纪念馆主体工程,提升淮军文化影响力。

其次,变迁中的乡土社会在人口结构和生计模式两个主要维度均发生了不同程度的实质性转型与变迁。就F县的现实情况而言,一方面,随着新型城镇化进程的进一步加速和城镇化水平的不断提升,农村人口向城镇化迁徙越来越频繁,农村人口数量也出现了一定的结构转型,除因区划调整人口变动外,因入学、婚姻、务工等引起的人口迁入迁出成为城乡人口结构变动的主要因素,这种城市"过密化"和乡村"过疏化"的地域发展趋势对乡村教育的影响无疑是巨大的,这不仅反映在县域教育布局规划中,也能在20世纪80年代末期至今的教育基本统计数据中得到部分印证。随着农村人口不断向县城流动聚集,传统乡村居民格局和人口分布不仅发生了"过疏化"趋势,也使得村落共同体面临解体风险,甚至在21世纪前十年发生的新农村建设过程中,F县也曾一度出现过"撤村并居"的集中居住运动,致使乡村中小学发生不同程度的撤点并校。另一方面,随着F县新型城镇化步伐的进一步加快,城乡人口结构出现城市"过密化"和乡村"过疏化"的转型趋势后,生计模式也出现了"非农化"变迁的整体趋势,F县2015年全年新增就业人口中有超过六成的劳动力来自农村就业人口,这就从生计结构转型角度印证了新型城镇化背景下人口城乡迁徙的基本规律和发展趋势,这种"代际分工的半工半耕"家庭结构和抚育模式已成为乡村教育,尤其是留守儿童教育面临的一个重要的现实困境。

最后,新型城镇化背景下乡村教育历史变迁的实践样态。20世纪90年代以后,经历了普及初等教育、"两基"(基本普及九年制义务教育、基本扫除青壮年文盲)达标、扩大高中阶段办学规模三个发展阶段,中国教育在发展中进一步深化改革。其中,最典型的改革是"以县为主"的义务教育管理体制代替了"分级管理,分级负责"的体制传统;传统单一国家办学转变为办学主体多元化,公办、民办协调发展;单纯的普通基础教育扩大为普通教育、职业教育、成人教育统筹的"大教育"格局,适应素质教育的新课程标准也进一步催生了教学理念、教学方法的改革,"自主·合作·创新"的课题实验成果初步显现;同时,信息化、数字化的科技发展也进一步引领了教育教学手段的创新和变革。

第三章 市场机制：人口流动与生源挤压

本章从人口迁徙与流动的视角考察市场机制作用下乡村教育变迁的发生机制及其实践逻辑，具体包括人口流动下的家庭教育变迁及学校教育变迁。首先，随着新型城镇化进程的进一步加速，举家迁徙已成为人口流动的一种新常态，由此产生的留守儿童教育和流动儿童教育成为乡村教育变迁的首要实践维度，换言之，留守家庭和流动家庭（随迁家庭）成为人口流动背景下乡村教育变迁的两类基本样态。其次，人口流动对乡村学校教育也产生了不同程度的影响，且不同类型的学校教育的变迁样态和作用机制呈现出明显的差异化特征。最后，新型城镇化背景下市场机制对乡村教育变迁的另一个实践样态是"生源挤压"，即优质生源向上流动使得乡村教育面临生源危机。

第一节 人口流动与家庭教育类型

作为新型城镇化背景下社会结构转型和功能变迁的微观机制和实践样态，家庭教育结构转型和功能变迁主要集中体现在留守家庭的隔代抚育模式及其困境以及随迁家庭抚育模式及其困境。因此，本节将分别重点论述新型城镇化集中人口流动与迁徙对留守家庭和随迁家庭教育模式影响的作用机制及其实践样态。

一、留守家庭

家庭是社会生产力发展到一定阶段的产物，是社会的细胞，家庭作为社会组织结构的一部分和重要的社会制度，肩负着承继人类文化和繁衍人类生活的重要使命;因此,家是人性的养育所。① "在男女分工体系中,一个完整的抚育团体必须包括两性的合作……这是因为孩子需要全盘的生活教育,而且这教育过程相当长。"② 一言以蔽之,每个孩子的价值观、信仰和处世态度等基本社会化要素都是从家庭教育开始的。同时,"修身、齐家、治国、平天下"曾是中国古代社会由人的发展进而促进社会发展的崇高理想和终极目标。古代社会的家庭教育不仅承担着为社会造就人才的任务,还承担着传播社会道德规范的重要作用。因此,教育学家认为,家庭教育从来都不是一件私事,而是一件国家大事。③ 笔者的田野调查发现,T镇乡村教育变迁的首要实践样态就是大量留守家庭的出现,这不仅是市场机制作用下家庭理性选择的结果④,也使得T镇家庭教育出现了一系列困境。F县分管学校基础教育的X副局长告诉笔者:

"人口流动对乡村教育冲击太大了,留守家庭首当其冲,我们县尤其明显,村里好多家庭都是留守家庭。就教育变化而言,作为县级教育主管部门,我们认为,乡村教育问题的原因首先还是家庭教育出现了问题,家庭都无法提供完整的抚养模式,家庭教育就没法很好地得到开展,进而影响到了学校教育的开展,尤其在家校联动方面。这才是我们县目前乡村教育最大的症结所在。"(访谈记录20161022—FXJYJXRQ)

作为一名基层教育工作者,X副局长认为人口流动对乡村教育产生了重要的影响,一方面,留守家庭是新型城镇化背景下乡村教育变迁的首要维度和重要样态,换言之,留守家庭已成为乡村教育实践场域中的新常态和新主体;另一方面,留守家庭抚育结构不完整进一步使得家校联动无法顺利实现,学校教育将无法在家庭内部获得延伸,换言之,新型城镇化背景下乡村教育实践场域里传统家校联动教育模式,在人口流动、村庄空心化、家庭留守化等趋势下无法顺利实现,家校联动何以可能就成为T镇教育变迁过程中不可回避的重要议题之一。因此,正如X副局长所言,"这才是我们县目前乡村教育最大的症结所在。"

广义的家庭教育是指家庭成员之间的相互教育和影响,而狭义的家庭教育则是指父母对子女的教育、培养与影响。⑤ 基于乡村教育的上述变迁逻辑,笔者将留守家庭作为新型城镇化背景下乡村教育实践场域变迁的逻辑起点。具体而言,一方面,新型城镇化浪潮下的人口迁徙与流动产生的大量留守家庭已成为一

---

① 查尔斯·霍顿·库利:《人类本性与社会秩序》,包凡一、王湲译,华夏出版社,2015,第8页。
② 费孝通:《乡土中国》,上海人民出版社,2019,第443页。
③ 邓佐君:《家庭教育学》,福建教育出版社,1995,第35页。
④ 厉以宁、艾丰、石军:《中国新型城镇化概论》,中国工人出版社,2014,总序第6-8页。
⑤ 黄河清:《家庭教育学》,华东师范大学出版社,2014,第7页。

种社会事实;同时,家庭教育也成为乡村教育变迁的首要维度和实践样态,换言之,留守家庭已成为新型城镇化背景下乡村教育实践场域中的重要主体;①另一方面,考察留守家庭及其教育困境也成为理解当前中国乡村教育变迁及其困境的切入点。因此,笔者将系统考察 T 镇留守家庭教育变迁发生机制及其实践逻辑。

首先,家庭生计模式转型。作为新型城镇化进程的副产品,家庭生计模式转型产生的留守家庭已成为当前中国农村的新常态。一方面,劳动力价格比较优势产生的推力使得大部分农村家庭在实现温饱之余选择外出务工,这是基于家庭理性最大化的行为选择。② 笔者在田野调查中发现,大部分受访者,尤其是家庭劳动力成员都或多或少意识到外出务工,常年无法陪伴子女学习生活会影响子女的身心健康和茁壮成长,但同时也都表露出了对目前家庭生计维持和改善子女成长条件,尤其是物质环境的无奈。T 镇 T 村村民 TXL 告诉笔者:

"说真的,我是不太愿意离开家出去打工的,毕竟儿子才上 3 年级,还需要父母的陪伴,但是家里光靠种田收入是不行的,要为下一代创造更好的成长环境就必须要有物质条件保障,不然孩子的各种辅导班报名费都成问题。但是孩子太小我们也不放心,毕竟老人在家也不能完全照应得过来。所以,我和他妈妈是到孩子 3 年级才到 F 县城去打工的。"(访谈记录 20161202—FXTTTXL)

显然,作为家庭教育的重要实践者,村民 TXL 深知外出务工对子女身心健康成长有负面影响,尤其是在父母均无法陪伴子女成长的情形下,这种父母影响程度更深;但令其更加矛盾和无奈的是,既有家庭生计模式和收入结构下无法满足子女越来越高的教育成本,如各种教育培训班、课业辅导班、兴趣爱好班等经济支出;因此,在陪伴子女和外出务工之间,TXL 仍然坚持在孩子 3 年级后选择外出务工,尽量减小隔代抚育对子女的负面影响。一言以蔽之,留守家庭客观上确实造成了包括隔代抚育等在内的一系列负面家庭教育影响③,但其初衷仍然是为了更好实现家庭教育,尤其是提供充足的物质保障,正如 TXL 所言,"要为下一代创造更好的成长环境就必须要有物质条件保障。"

另一方面,举家迁徙作为近年来农民工市民化的重要举措,也是一种理性选择下的"家庭策略"(Family Strategy)。④ 当然,实践中的举家迁徙也会产生另一

---

① 叶敬忠、吴慧芳、孟祥丹:《中国农村教育——反思发展主义的视角》,社会科学文献出版社,2015,第 22-30 页。
② 段成荣、杨舸、马学阳:《中国流动人口研究》,中国人口出版社,2012,第 12-16 页。
③ 郑杨:《对中国城乡家庭隔代抚育问题的探讨》,《学术交流》2008 年第 9 期。
④ 张领:《流动的共同体:农民工与一个村庄的变迁》,中国社会科学出版社,2015,第 148-206 页。

种特殊的家庭形态——随迁家庭。此处暂不论此类家庭教育变迁发生机制及其实践逻辑，但其变迁的逻辑起点与留守家庭一样，均是家庭生计模式转型产生的人口流动。

其次，家庭抚育结构转型。作为人性的养育所，家庭是社会化的重要场所，也是教育实践的重要场域。换言之，完整的家庭抚育结构和亲子关系是家庭教育成功的重要保障和前置条件。但家庭作为生计模式转型的一种"非预期性后果"(Unexpected Consequence)[①]，家庭抚育结构和代际互动"隔代化""老龄化"等新型家庭教育实践样态已成为一种社会事实[②]，即隔代抚育已取代传统家庭抚育结构成为留守家庭教育的一种新型家庭教育实践样态。有学者将转型期中国"隔代抚育"模式类型化为两种：第一，父母很少或根本未履行抚养职责，完全由祖辈承担家庭教育职责，此类"隔代抚育"主要存在于农村祖辈家庭中，且农村祖辈家庭同时也是留守家庭；第二，父母部分履行家庭教育职责，如利用周末、假期或晚间空闲时间，但大部分教育职责仍由祖辈承担，此类"隔代抚育"家庭主要存在于城市家庭中。[③] 笔者的田野经历也证实了部分学者的论证，T 镇 S 村村民委员会妇女主任 SLM 告诉笔者：

"S 村大部分年轻劳动力都外出打工了，留下的小孩和老人居多，所以家庭照顾这方面主要由老人承担，孩子的学习生活都是由老年人负责，这是目前我们村教育的最主要的问题。每年也都会有一些留守关爱的活动下乡，但是效果都不是十分明显，最关键的问题还是孩子缺少父母的关爱，爷爷奶奶再亲再爱也不能替代父母的陪伴。"(访谈记录 20161202—FXTSSLM)

作为一名基层妇女主任，SLM 主任的上述言语正是目前部分中国农村家庭教育转型及其困境的真实写照。一方面，年轻劳动力外出务工导致的"空心化""无主体化"使得家庭抚育结构和传统教育模式无法再生产和传承，不仅增加了老年人晚年生活负担和精神压力，也无法实现亲子抚育对子女身心健康成长的促进功能；另一方面，虽然国家和政府已开展系列有针对性的社会服务，但仍然无法有效改善隔代抚育对家庭教育造成的负面影响，正如 SLM 主任所言，"最关键的问题还是孩子缺少父母的关爱，爷爷奶奶再亲再爱也不能替代父母的陪伴。"

---

① 罗伯特·K.默顿：《社会理论和社会结构》，唐少杰、齐心译，译林出版社，2006，第 128-130 页。
② 李超、罗润东：《老龄化、隔代抚育与农村劳动力迁移——基于微观家庭决策视角的研究》，《经济社会体制比较》2017 年第 2 期。
③ 王跃生：《中国当代家庭结构变动分析：立足于社会变革时代的农村》，中国社会科学出版社，2009，第 2 页。

最后，家庭教育功能外化。所谓家庭教育功能外化是指隔代抚育家庭无法实现家庭教育基本功能而将其外部化，尤其是依靠学校代替家庭教育功能的一种特殊现象。换言之，它是传统亲子关系和亲代教育结构下的家庭教育功能在祖孙家庭和隔代教育模式下无法实现，从而主观上依靠学校和教师完成子女教育的一种特殊社会现象。笔者在田野调查中对T镇S村村民ST进行了深度访谈，在访谈中发现，ST对隔代抚育困境表达了自己的担忧：

"他爸爸妈妈都到县城打工了，一年到头也难得在家，我和他奶奶年纪都大了，我们也没有上过学，都是文盲，没有多少文化知识，不能辅导孙子的课外作业，只能帮他做饭、洗衣，接送孙子上学和放学，教育还是要靠学校的老师，等以后逐渐年纪大了，我和他奶奶都照顾不动的时候，孩子肯定还是要让他爸妈接到县城里上学。"（访谈记录20161202—FXTSST）

笔者的进一步深入调查发现，农村留守家庭教育困境有其独特性：(1)大部分农村留守家庭祖辈施教者缺乏基本的施教能力。具体而言，一方面，由于农村老年人文化水平普遍低下，无法承担家庭教育全部职能，尤其是涉及课业辅导、心理疏导等维度时，农村留守家庭祖辈施教者只能望洋兴叹；另一方面，留守家庭祖辈施教者大部分时间仍然忙于农耕劳作、家庭副业等生计层面的事务，难以抽出大量时间用于家庭教育。因此，缺乏基本的施教能力是农村留守家庭教育面临的首要困境。(2)缺乏必要的社会规范和道德品德教育和引导。一方面，农村留守家庭中的隔代抚育仍然面临"重物质、轻精神"的困境，对未成年受教者的心理和思想健康缺乏必要的关怀；另一方面，农村留守家庭祖辈施教者对未成年受教者的不良行为和不当举止缺乏必要的约束手段和管教措施，使得农村留守儿童面临道德教育真空的现实困境。(3)农村留守家庭难以形成有效的家校联动机制。一方面，从施教者主观能力角度而言，大部分留守家庭施教者受教育年限较少，文化水平偏低，无法与学校老师形成有效的互动机制；另一方面，由于施教者忙于农耕生产，无暇兼顾未成年受教者的家校联动事宜，如常常无法参加家长会或无法在家庭教育中承担部分学校教育延伸功能。

二、随迁家庭

20世纪90年代以后，第二轮城市移民呈现出举家迁徙的新趋势，换言之，外出家庭化是中国城乡人口流动的一个重要趋势。[①] 庞大的留守儿童基数在家

---

① 李代、张春泥：《外出还是留守？——农村夫妻外出安排的经验研究》，《社会学研究》2016年第5期。

庭化流动趋势下,必然产生一个特殊的群体和一个现实的问题,即农民工随迁子女及其家庭教育问题;同时,学术界对此特殊群体及其相关问题也进行了大量的研究,尤其集中在农民工随迁子女家庭教育问题研究。① 因此,作为与留守家庭相对应的家庭教育场域,随迁子女家庭教育则成为新型城镇化背景下家庭教育变迁的重要维度。

一方面,目前学术界关于留守儿童教育困境的研究取得了较一致的认知,即认为在隔代抚育和缺失完整家庭抚育结构的结构性困境下,留守儿童受教育状况尤其令人担忧;同时,留守儿童受教育状况及其现实困境面临层级差异,集中表现在小学阶段和初中阶段出现的断崖式分裂;换言之,留守儿童的小学阶段在校率很高,受教育状况相对良好,教育趋势产生的一系列社会问题并未集中爆发,但进入初中阶段以后,上述问题日趋严重。② 笔者在田野调查中对 T 镇村民 TLS 进行了深度访谈,TLS 说:

"上小学时候吧,我和他奶奶还能照顾一些,接送他上学放学,但是到了初中之后就不太好照顾了,他动不动就经常放学不回家,也不知道和同学去哪里玩了,我们担心也没有用,也没办法找到他。最后干脆叫他爸妈带出去上中学了,实在是照顾不了。"(访谈记录 20161212—FXTHTLS)

从 T 镇某中学生爷爷 TLS 叙述中可发现,隔代抚育对于大部分小学阶段的留守家庭教育而言仍然具有一定的可操作性,但初中阶段由于孩子身心进一步发展,尤其是部分中学生具有了相对独立的思考能力和独立行为预期,同时,加上老年人知识结构和行动能力的局限性,隔代抚育往往不太容易实现。因此,进入初中阶段的留守家庭教育问题往往容易集中爆发,这也是实践中大部分家长选择外出务工时将子女从老家带到打工所在城市就读中学的重要原因。这也正如 TLS 自己所言:"最后干脆叫他爸妈带出去上中学了,实在是照顾不了。"

另一方面,随着人口流动家庭化程度的进一步加深,流动儿童逐渐成为学术界关注的另一重要群体,与之相伴随的农民工随迁子女社会适应及其教育问题不仅引起了各级政府的高度重视,也逐渐进入相关学者的研究议程,且部分学者基于下述预判达成了一致,即要解决留守儿童离开父母成长而带来的种种问题,最重要的是提供有利条件让流动人口子女跟随父母迁移。③ 笔者在田野调查中也部分印证了上述学者的研究结论,即从家长角度而言,将进入初中阶段的子女

---

① 任远:《大迁移时代的儿童留守和支持家庭的社会政策》,《南京社会科学》2015 年第 8 期。
② 叶敬忠:《留守儿童问题根本在发展模式》,《中国教育报》2015 年 3 月 5 日第 2 版。
③ 杨菊华、张娇娇、吴敏:《此心安处是吾乡——流动人口身份认同的区域差异研究》,《人口与经济》2016 年第 4 期。

带到务工城市接受教育,既希望提升子女接受教育的质量,也考虑到隔代抚育产生的负面影响从而选择让子女跟随自己一起生活,即从留守儿童到随迁子女这一行为本身既是家庭理性选择的必然结果,也是家长个体理性行动的最优策略。笔者就此问题对 TLS 的儿子 TFH 进行了深度访谈,他告诉笔者当初为何将升入初中的儿子接到自己身边读书:

"上小学时候我们都是将 TX 丢给他爷爷奶奶照顾的,毕竟那时候他还小,比较听话,学习任务也不重,老人也能帮忙照顾得过来,但是上初中之后,TX 的爷爷奶奶照顾他就感觉很吃力,他自己也经常说要跟我们在一起生活,毕竟跟爷爷奶奶在一起太久了,所以,我们在初一第二学期就把他接到合肥的一家中学上学了,一方面教学质量肯定比 T 中学要好多了,另一方面,离我们打工的地方也很近,照顾起来就方便多了。"(访谈记录 20161210—FXTHTFH)

从 TFH 的论述中可以发现,他将儿子接到自己身边接受初中教育的主要原因有两个,用他自己的话讲就是:"一方面教学质量肯定比 T 中学要好多了,另一方面,离我们打工的地方也很近,照顾起来就方便多了。"换言之,作为一个有机整体和生命周期体,从留守家庭到随迁家庭的教育转型,从留守儿童到随迁子女的生命历程均表明,家庭教育本身是人口流动背景下社会结构转型的微观缩影和实践具象。因此,作为新型城镇化背景下家庭教育模式转型的另一重要实践样态,随迁家庭就成为与留守家庭相对应的一种转型新常态。

笔者认为,所谓随迁家庭是相对于留守家庭提出的一种特殊家庭模式,即进城务工人员及其随迁子女组成的寄居型家庭。随迁家庭具有下述特征:从家庭结构角度而言,随迁家庭往往呈现一种核心化,即由进城务工的父亲、母亲及其随迁子女组成;从家庭生命历程角度而言,随迁家庭从进城务工之时成立,至返乡之际消失,具有不稳定性和不确定性;从代际互动模式看,随迁家庭代际互动具有一定的周期性,即随迁子女寒暑假往往被送至流出地由祖辈照顾,因此,随迁家庭代际互动呈现亲子互动和隔代互动周期性交换的特征;从寄居地点而言,随迁家庭往往寄居于工厂宿舍或工厂附近的临时租赁地点,寄居场所不稳定。笔者的田野调查发现,随迁家庭教育面临的困境既有前两者的部分共性困境,也有其自身独特的现实困境,主要集中在下述维度:

第一,难以为家庭教育提供基本的物质保障。有研究指出,大部分进城务工家庭的住房状况相对恶劣,不仅房屋面积小,而且并未给予未成年子女独立的学习生活空间。[①] 因此,随迁家庭往往难以像城市居民家庭那样为其子女提供必

---

① 黄兆信、万荣根:《农民工随迁子女融合教育研究》,中国社会科学出版社,2014,第 18-25 页。

要的家庭教育基础保障,一方面,由于进城务工往往集中在非正规就业领域,职业经济收入偏低,无法为家庭教育提供充足的物质保障;另一方面,随迁家庭施教者自身的受教育年限偏低,这也是影响此类家庭教育质量的又一重要现实原因,即随迁家庭文化资本偏低直接导致此类家庭教育无法跳出文化资本再生产过程中的等级差异[1],换言之,随迁家庭子女难以通过家庭教育实现阶层流动和代际职业转换。因此,作为随迁家庭教育干扰力的首要现实原因,此类家庭难以为家庭教育提供基本的物质保障,这也将引发一系列相关现实困境。[2]

第二,代际互动频次偏低,无法形成和谐的家庭教育氛围。一方面,随迁家庭的施教者往往集中在劳动力密集型行业,如建筑工、低层次商业服务雇员、个体户雇员、流动摊贩、劳动力密集型工厂雇员等,此类行业要求大量的时间付出以换取足额的劳动力收入[3],因此,随迁家庭施教者大量时间忙于维持生计,难以腾出一定量的时间和精力用于家庭教育;另一方面,传统家长意识和家长制的威权意识作祟,导致代际关系不和谐,代际互动不顺畅,尤其当施教者不尊重受教者主体地位时,随迁家庭代际互动更加无法顺利开展。一言以蔽之,随迁家庭施教者的忙于生计的就业特征决定了此类家庭教育难以保证必要的代际互动及其相关教育内容实施的时间。因此,代际互动频次偏低,无法形成和谐的家庭教育氛围也是随迁家庭干扰力的现实原因。

第三,难以建立有效的家校联动机制。与农村留守家庭施教者能力缺乏导致无法建立家校联动机制不同,随迁家庭施教者主要是因缺乏时间导致无暇兼顾家校互动。[4] 具体而言,一方面,"教育是学校的事情,把子女送进学校就等于进了保险箱""孩子能否成才全靠学校和老师""家长给孩子提供衣食住行就可以了"等一些错误的教育观和抚育观导致很多随迁家庭施教者缺乏家校联动的意识;另一方面,由于随迁家庭住址经常变动,客观上也不利于家校联动的实施,加之,大部分随迁家庭施教者忙于生计无暇兼顾家校联动,因此,难以建立有效的家校联动机制就成为随迁家庭教育困境的实践因素。

---

[1] 孙远太:《文化资本与教育不平等》,知识产权出版社,2013,第33页。
[2] 李春玲:《教育不平等的年代变化趋势(1940—2010)——对城乡教育机会不平等的再考察》,《社会学研究》2014年第2期。
[3] 沈茹:《农民工随迁子女家庭教育问题研究》,苏州大学出版社,2015,第88-90页。
[4] 徐丽敏:《农民工随迁子女的社会融入研究》,科学出版社,2015,第33-38页。

第二节 人口流动与学校教育类型

作为新型城镇化背景下家庭教育模式转型及其功能变迁的另一主要利益相关主体,学校教育在人口急剧流动和快速变迁之"流动的现代性"(Liquid Modernity)结构下,不可避免将受到冲击,换言之,作为乡村教育场域里的另一重要利益相关主体,学校这一亚场域(Sub-field)也将面临一系列实践困境。因此,本节将分别重点论述新型城镇化人口流动与迁徙对不同类型学校教育模式影响的作用机制及其实践样态,具体包括留守型学校和随迁型学校两种类型。

一、留守型学校

与留守家庭教育困境相对应的留守型学校教育也成为新型城镇化背景下乡村教育变迁的重要实践维度。从物理空间角度看,此留守型学校位于农村地域范围内;从生源结构看,留守型学校的生源均来自农村,且大部分学生为留守儿童或生活在留守家庭中[1],在学校教育实践过程中面临家校联动机制断裂、教育信念不强、社会支持不足、社群压力较大、预期社会化不足等现实困境。[2] 因此,农村留守型学校教育就成为新型城镇化背景下乡村教育变迁不可回避的重要议题之一。[3] 笔者在 T 镇调查中发现,T 镇外出务工人员较多,T 镇中学留守学生比例较高,T 镇中学分管教学事务的副校长 SLM 告诉笔者:

"这几年外出务工家庭越来越多,学校管理方面最大的困难就是留守中小学生越来越多,家庭教育方面缺失,很多传统教学管理方法都达不到预期的效果,比如'家校联系簿',很多家庭都是爷爷奶奶在家,很多都是文盲,不会写字,所以,这项传统家校联系管理办法就越来越起不到预期效果,最根本的原因就是学校教学活动不能得到家庭教育的有效积极配合,人口流动对乡镇学校教育的日常管理方面的冲击非常明显,这也倒逼着学校开始探索日常教学管理模式的改革。"(访谈记录 20161216—FXTHSLM)

---

[1] 段成荣、吕利丹、王宗萍:《城市化背景下农村留守儿童的家庭教育与学校教育》,《北京大学教育评论》2014 年第 3 期。

[2] 李燕平、杜曦:《农村留守儿童抗逆力的保护性因素研究——以曾留守大学生的生命史为视角》,《中国青年社会科学》2016 年第 4 期。

[3] 李忠路、邱泽奇:《家庭背景如何影响儿童学业成就?——义务教育阶段家庭社会经济地位影响差异分析》,《社会学研究》2016 年第 4 期。

从 S 副校长的上述言语中可以看出,作为新型城镇化背景下家庭教育模式变迁的直接受影响主体,传统学校教育管理模式也面临一系列现实困境,具体而言,一方面,人口流动导致的家庭留守使得传统学校管理模式运作机制的社会基础不复存在,比如家校联系簿这一传统手写的家校互动载体因隔代抚育大量出现而失去其应有的功能和效应;另一方面,作为学校教育的行动主体,S 副校长也在积极探索日常教学管理模式改革以适应人口流动下乡村教育变迁的新形势和新要求,这也正是学校作为乡村教育亚场域主体能动性的现实写照。

下面笔者将从留守型学校教育实践策略变迁的现实样态、困境表现及其日常管理模式改革的具体策略三个维度展示作为留守型学校的 T 镇中学在新型城镇化背景下实现从被动转型到主动变迁的实践机制。

首先,留守型学校教育实践策略变迁的现实样态。所谓留守型学校教育模式变迁的实践样态是指因人口流动使得传统乡村学校生源结构由亲子抚育型学生向隔代抚育型学生转型过程中产生的教学实践模式的一系列变化。在田野调查中笔者发现,T 镇中学教育实践策略变迁的现实样态集中体现在家校互动策略、日常管理策略两个维度。

1. 家校互动策略。家校互动模式及其策略变化主要因留守家庭及其隔代抚育的局限性从而使得传统教学互动机制失去其必要的运作机制。为进一步了解家校互动策略维度的变迁机制,笔者曾专门针对部分留守家庭进行了入户调查。此处仅以 T 中学四年级二班的 ZZL 同学家访为例,阐述 T 中学传统家校互动策略变迁的实践样态和现实缘由,就此问题笔者曾对 ZZL 的爷爷进行过深度访谈。

问:知道 ZZL 在学校的学习生活情况吗?
答:现在都是校车接送到村口,他爸妈都在合肥打工,也不经常回家,我们只能照顾他生活方面的,学校的情况都是老师的事情了,所以我和他奶奶没有去过学校,ZZL 在学校情况应该都很好,他是个懂事的孩子。
问:班主任老师联系过你们吗?
答:以前联系过几次,但是我们都抽不出空去学校,也不识字,上次开家长会老师也打电话来了,我就让老师打电话给 ZZL 爸妈,让他们从合肥赶回来参加家长会,我和他奶奶实在是无能为力了。(访谈记录 20161213—FXTHZZL)

从笔者与 ZZL 爷爷的对话中可以看出,传统亲子抚育关系结构下的家校互动模式因人口流动外出务工导致的隔代抚育而无法维系。具体而言,一方面,新型城镇化背景下大量传统亲子抚育结构家庭因经济利益最大化策略选择外出务工,作为"半工半耕"家庭生计策略的"非预期性后果"①,隔代抚育家庭教育结构直接使得传统家校互动策略失去必要的运作基础;另一方面,就隔代抚育结构本身而言,传统"学校(教师)—家长(亲代)—学生"互动模式被"学校(教师)—家长(隔代)—学生"所取代②,鉴于隔代老年人群体,尤其是农村老年人群体在社会互动和文化程度等方面的限制,隔代抚育结构下的传统家校互动无法得以维系和再生产。因此,新型城镇化背景下留守型学校教育实践策略变迁的首要维度和现实样态即为家校互动模式变迁。

2. 日常管理策略。作为留守型学校教育实践策略变迁的另一重要维度和现实样态,学校日常管理模式及其策略变化的主要原因是留守中小学生社会资本相对匮乏,社会支持网络不健全等③,从而倒逼留守型学校日常管理模式转型。笔者曾就此问题对 T 镇中学分管教学事务的副校长 SLM 进行过深度访谈。

问:留守中小学生增加了,对学校日常管理有影响吗?

答:从我刚工作进入 T 镇中学到现在有 20 年左右了,我自己的直观感受是,留守学生越来越多,家校互动越来越困难,从学校日常管理角度来看,针对留守学生偏多的情况,传统学校日常管理模式已经越来越难以发挥作用了。

问:具体表现在哪些方面呢?

答:最直接的变化是留守学生的心理问题,学校专门增设了班级心理班会和学校心理辅导室,一方面是要针对儿童心理健康成长过程中出现的不良负面情绪疏导,另一方面也要针对升学考试压力群体产生的心理负面情绪疏导。当然,这是一个方面的变化了,还有比如建立有针对性的结对帮扶工作,对家庭特殊困难学生进行定期家庭走访和学校学习生活关爱照顾,毕竟留守学生普遍比其他学生缺乏情感关怀和家庭照顾。(访谈记录 20161216—FXTHSLM)

作为一名基层教育工作实践者,S 副校长依据其大约 20 年的教学管理经验发现,T 镇中学在新型城镇化背景下出现了生源留守化的现实特征和发展趋势,且倒逼着传统学校日常管理模式转型和改革,以适应留守学生社会支持网络和心理健康发展等新要求。具体而言,一方面,随着大量家庭劳动力外出务工,留守家庭教育功能弱化,留守人口,尤其是留守中小学生社会支持欠缺、社会资本

---

① 贺雪峰:《城市化的中国道路》,北京:东方出版社,2014,第 45-48 页。
② 唐晓菁:《城市"隔代抚育":制度安排与新生代父母的角色及情感限制》,《河北学刊》2017 年第 1 期。
③ 范先佐、郭清扬:《农村留守儿童教育问题的回顾与反思》,《中国农业大学学报(社会科学版)》,2015 年第 1 期。

匮乏等问题日益突出,学校日常管理中心和重心都将向学生社会支持网络和心理健康发展等维度有针对性倾斜①;另一方面,传统家校互动模式无法继续维持和新型家校互动机制难以立即建立的情形下,学校日常管理模式也面临转型,虽然这种转型是一种倒逼式改革,但作为乡村教育实践场域中的主要行动主体,T镇中学仍然采用定期家庭走访、结对帮扶、班级心理班会和学校心理辅导室等具体措施最大化降低人口流动对学校日常管理产生的负面影响,并进一步增强家校互动的可能性。因此,新型城镇化背景下留守型学校教育实践策略变迁的另一重要维度和现实样态即为日常管理模式变迁。

其次,留守型学校教育模式的实践困境。所谓留守型学校教育模式的实践困境是指在新型城镇化背景下因人口流动和家庭迁徙使得传统乡村教育运作机制,尤其是作为亚场域的学校实践机制失去其必要的运作基础而导致的一系列现实困境。笔者在T镇的实地调查中发现,留守型学校教育模式困境集中表现为一种基于留守家庭隔代抚育结构的家校联动困境。以学校德育教育工作的实践困境为例,笔者曾就此问题对分管T镇中学德育工作的T副校长进行过深度访谈。

问:与传统德育工作相比,留守学校德育工作的新困境和新挑战在哪里?
答:T镇中学里的留守学生比例在近几年呈现出逐年增加的趋势,学校德育教育工作最大问题就是家庭教育的缺失,学校德育面临家校联动的制约,这在留守家庭群体身上表现尤为明显。当然了,社会大环境对目前学校德育工作也产生了一定的阻力,但就学校德育教育模式的新挑战和新困境而言,我个人认为还是留守家庭太多,家庭教育缺失,学校家庭互动无法有效建立和维持。(访谈记录20161216—FXTHTX)

作为一名德育工作分管领导,T副校长认为就学校德育教育模式的新挑战和新困境而言,家庭教育缺失,学校家庭互动无法有效建立和维持是目前留守型学校德育模式的最大困境。虽然目前学术界已关注到新媒体时代学校德育面临的挑战及其变革,但是笔者在T镇中学的田野调查则进一步发现,学校德育在面临新媒体带来的德育理念空场、德育舆论导向弱化、德育方式方法滞后等挑战的同时②,留守型学校德育最大的困境仍然是家校联动困境。

所谓学校德育的"家校联动困境"是指因无法建立长期有效的家校联动机制

---

① 杨通华、魏杰、刘平:《留守儿童心理健康:人格特质与社会支持的影响》,《中国健康心理学杂志》2016年第2期。
② 官仲章、吕一军:《新媒体时代学校德育面临的挑战及其变革——基于微议程的视角》,《高等教育研究》2017年第4期。

而出现的道德教育反复性困境,其实践形态可用"5+2=0"来形象表述,即学校5天德育成果在家庭2天里被抵消的现象。[①] 具体而言,一方面从家庭抚育结构角度而言,留守家庭往往呈现隔代抚育现象,即留守家庭往往是一种典型的祖孙家庭,由于受教育年限较低、文化水平不高、忙于农耕生产等因素,留守家庭德育主体——祖辈无法与学校建立有效的家校联动机制[②];另一方面由于教育观念保守,很多作为德育主体的祖辈无法认同学校开展的道德教育活动,主观上不支持学校开展丰富多彩的德育活动,如很多农村老年人仍然坚持认为只要把孩子学习搞好了就一切都好了。因此,无论从主观意愿还是客观能力上,农村留守家庭都无法与学校建立长期有效的家校联动机制,这是制约大部分农村留守型学校德育工作的重要现实原因,正如T副校长自己所言,"社会大环境对目前学校德育工作也产生了一定的阻力,但就学校德育教育模式的新挑战和新困境而言,我个人认为还是留守家庭太多,家庭教育缺失,学校家庭互动无法有效建立和维持。"

最后,留守型学校教学管理模式改革的具体策略。从家校互动和日常管理两个维度而言,留守型学校管理模式的具体改革策略包括:利用微信群、QQ群、手机APP等新型媒介机制和沟通平台实现家庭(家长)—学校(教师)的超地域性互动以及留守学生社会支持网络和心理健康发展的教育重心转向。

1. 家庭(家长)—学校(教师)的超地域性互动。所谓家庭(家长)—学校(教师)的超地域性互动是指利用微信群、QQ群、手机APP等新型媒介机制和沟通平台实现外出务工家长、学校教师、留守学生等主要教育场域里的利益相关主体超地域性的社会互动,以最大程度降低因留守家庭隔代抚育结构导致的家校互动缺失对留守学生产生的负面影响。笔者在T镇中学的实地调查中发现,每一个班级都有一个家长微信群,里面主要包括学生家长、班主任、任课教师以及年级主任等,且大部分课程学习都通过一款叫作"一起学"的手机APP实现学生和教师的课业互动。笔者曾就微信群对家校互动作用对T镇六年级二班的班主任ZZM老师进行过深度访谈。

问:班级微信群的作用具体包括哪些方面?
答:班级微信群里主要有学生家长、班主任、任课教师以及年级主任,目的就是要加强学生家长和老师之间的互动,因为很多家长都外出务工,没办法经常接送孩子上学和放学,相对而言,他们就很少能和老师有机会进行面对面的交流,

---

[①] 郭淑豪、程亮:《从义务的道德到超义务的道德——重审学校德育的层次性》,《中国教育学刊》2017年第2期。

[②] 李超、罗润东:《老龄化、隔代抚育与农村劳动力迁移——基于微观家庭决策视角的研究》,《经济社会体制比较》2017年第2期。

了解孩子在校学习生活情况,但是很多家庭迫于生活压力不得不外出务工,所以,现在乡镇中学也开始模仿城里的中学利用微信群、QQ 群等现代的交流工具,目的就是希望加强学生家长和老师的互动沟通,尤其是班主任老师。(访谈记录 20161218—FXTHZZM)

从 ZZM 班主任的叙述中可以发现,微信群、QQ 群、手机 APP 等新型互动媒介和交流平台的作用主要是实现外出务工家庭家长与学校班主任老师之间的超地域互动交流,最大程度降低留守型家庭教育和留守型学校教育对传统亲代抚育模式和家校互动机制的负面影响[1],正如 ZZM 自己所言,"现在乡镇中学也开始模仿城里的中学利用微信群、QQ 群等现代的交流工具,目的就是希望加强学生家长和老师的互动沟通,尤其是班主任老师。"

2. 留守学生社会支持网络和心理健康发展的教育重心转向。所谓留守学生社会支持网络和心理健康发展的教育重心转向是指,乡镇中学日常教育管理从传统课业知识、基本技能等转向留守学生社会支持网络和心理健康发展的教育实践内容,其目的是促进留守学生社会心理健康发展并提升其社会适应能力。笔者曾就此问题对分管 T 镇中学基础教育工作的 LMS 副校长进行过深度访谈。

"我们学校针对留守学生逐年增加的趋势,主要采取加强学生心理辅导和社会支持等方面的日常管理改革工作。比如从 2014 年开始,县团委和校团委加强合作,在中学部和小学部分别增设了'我有话说'心理健康咨询室,这项活动一直延续到现在,我们通过这项活动有针对性地解决了一些留守儿童在生活、学习和社会交往方面的障碍和困难,效果还是十分明显的,获得了县教育局领导的认可。另外,要求各年级班会增设留守教育主题班会,包括感恩爸爸妈妈、孝敬爷爷奶奶、帮助弟弟妹妹等主题演讲,让留守儿童在学校中获得情感慰藉,并且通过感恩教育和实际行动的回馈,切身感受到自己存在的价值。当然,还开展了很多有针对性的专项活动,这些活动都起到了各自的作用,最大程度帮助留守儿童解决心理健康、社会支持等问题。"(访谈记录 20161210—FXTHLMS)

从 LMS 副校长的叙述中可以发现,T 镇中学针对留守学生逐年增加的情况开展了一系列有针对性的日常教育管理改革,包括团委的"我有话说"心理健康咨询室,感恩爸爸妈妈、孝敬爷爷奶奶、帮助弟弟妹妹等主题演讲,留守教育主题

---

[1] 禹卫华:《微信群的传播分析:节点、文本与社交网络——以三个校园微信群为例》,《新闻记者》2016 年第 10 期。

班会等一系列工作,其目的是要通过学校—社会支持网络的建构和心理健康教育提升留守学生社会适应能力、自我管理能力和心理抗逆能力,从而有效缓解留守儿童的日常焦虑与自我认同冲突。① 因此,正如 LMS 副校长所言,"这些活动都起到了各自的作用,最大程度帮助留守儿童解决心理健康、社会支持等问题。"

二、随迁型学校

作为新型城镇化背景下乡村教育变迁的新样态,随迁家庭教育结构转型必然导致另一种学校教育实践困境,即随迁型学校教育困境。而作为全生命周期的家庭教育和学校教育理应对其进行多点民族志考察,因此,笔者通过 T 镇中学留守家庭微信群找到了部分举家外出务工家长的联系方式,并进一步筛选出从留守到流动那一部分家长和学生,通过他们的引荐对其目前所在的随迁型学校教育转型进行了实证调查。下面笔者以 F 县郊的 S 镇 S 中学为例,采用全生命周期视角并从随迁型学校新样态、教育实践困境及其应对策略三个维度系统考察随迁型学校教育变迁样态和实践逻辑。

首先,随迁型学校新样态。与留守型学校相对应,从物理空间角度看,随迁型学校位于县郊;从生源结构看,此类学校的生源大部分是农民工随迁子女,且往往通过借读的方式入学,换言之,大部分随迁型学校的学生都经历过留守和流动两种不同的求学经历和教育实践。笔者就此问题向 S 中学分管招生工作的 ST 主任系统了解过学校生源结构的基本特征。

"S 镇 S 中学最初并没有那么多随迁子女,也就是最近三四年以来,跟随父母打工来入学的学生人数逐年增加,因为 S 镇是一个工业集中园区,大部分家长都在孩子进入高年级或者初中以后就会选择将子女带到身边,所以,我们学校近几年的生源结构就出现了一些变化,最主要的就是外来务工子女的比例逐年增加,这对我们传统学校管理方法和教育模式也提出了新的挑战。"(访谈记录 20161203—FXSLST)

从 S 主任的陈述中可以发现,作为一个典型的随迁型学校,S 中学因随迁家庭的大量流入使得学校生源结构转型,即随迁子女比例逐年增多,一方面,S 镇的经济集聚效应且靠近县城的地理优势使得很多随迁家庭选择在此就业;同时,进入高年级或升入初中的留守学生被父母带到身边,即从留守儿童到随迁子女的经历使得 S 中学传统的学校管理方法和教育模式越来越难以发挥作用;另一

---

① 张明皓:《留守儿童的日常焦虑与自我认同——基于结构二重性视角的考察》,《北京社会科学》2017 年第 3 期。

方面,随迁家庭教育困境本身也会对随迁型学校教育产生影响,换言之,从留守到流动后的家庭教育变迁也必然倒逼着随迁型学校教育转型,正如 ST 主任所言,"这对我们传统学校管理方法和教育模式也提出了新的挑战。"

其次,随迁型学校教育实践困境。笔者在实地调查中发现,随迁型学校德育困境集中体现为一种基于城乡二元结构的"融合教育困境"。笔者就此问题对 ST 主任进行了深度访谈。

问:能进一步详细说明外来务工子女的比例逐年增加后,对传统学校管理方法和教育模式也提出了新的挑战吗?

答:实际上最大的问题就是社会适应的问题,学习生活的适应和家庭生活的适应。因为我刚才讲了,大部分外出务工的家庭孩子都有过留守的经历,在农村接受教育,缺乏一些系统的学习习惯和学习方法的培养,到了我们中学之后就会面临课业成绩跟不上,学习生活不适应的问题。当然,孩子家长也有一些问题,比如工作忙,没有时间对孩子进行很好的教育,所以大部分来我们学校的孩子还是主要靠学校教育,虽然家长也把孩子带到了身边,但是家庭教育和学校教育相互配合的作用并不十分明显。(访谈记录 20161203—FXSLST)

融合教育理念来源于特殊教育领域,是西方 20 世纪 80 年代民权运动的产物,其主张取消传统隔离的特殊教育形式,使所有儿童都能够在普通学校中共同学习并接受教育。[1] 随着中国政府提出农民工随迁子女零拒绝的政策引导后,学术界则将融合教育界定为随迁子女与本地儿童之间的教育融合问题,且流动儿童社会融合是一个长期动态过程。[2] 当然,融合教育是一个涉及多层次、全方位社会融合的综合性动态概念,此处仅就学校教育实施困境角度取此概念内涵之"学校融合",因为学校是随迁子女融合教育的主要场所,也是其他层面社会融合的重要基础,换言之,农民工随迁子女成功的学校融合有助于其获得其他非学校层面的社会融合。一言以蔽之,随迁型学校教育困境概括为基于城乡二元结构的"融合教育困境",其实践形态具体包括下述维度:城乡校园文化融合困境、城乡学生日常互动困境、随迁子女边缘化困境等。

最后,随迁型学校教育实践困境的应对策略。笔者在 S 中学实地调查中发现,针对城乡校园文化融合困境、城乡学生日常互动困境、随迁子女边缘化困境等一系列融合教育困境问题,S 中学采取了相应的应对策略。ST 主任向笔者详

---

[1] 景时、邓猛:《英国的融合教育实践——以"特殊教育需要协调员"为视角》,《学习与实践》2013 年第 6 期。

[2] 周皓:《流动儿童社会融合是一个长期动态过程》,《中国社会科学报》2013 年 1 月 4 日 A08 版。

细介绍了S中学的具体应对策略。

"学校针对流动子女学校适应、学习困难等问题开展过一系列相关活动。主要针对学习后进的同学补习功课,比如利用课间休息和中午午休时间,请成绩好的本地同学帮助成绩相对较差的流动学生;同时,针对不适应学校生活的学生开展互帮互助主题的活动,比如开展融合教育主题诗歌朗诵会和主题班会等活动,另外,校少先队和团委分别针对小学生和中学生开展国旗下讲话的主题教育活动。总而言之,学校针对流动学生融合教育困境的问题采取过一系列有针对性的措施,大部分活动都取得了相对较好的效益。"(访谈记录20161203—FX-SLST)

针对随迁型学校教育实践困境——融合教育困境,S中学开展了一系列有针对性的活动并取得了相对较好的实践效益。一方面,通过本地学生和流动学生课业辅导的形式,既能解决流动学生课业学习能力弱、课业成绩不理想等问题,也从客观上有利于本地学生和流动学生社会互动更加融洽和谐;同时,利用主题班会、课间休息等载体并通过融合教育的主题活动形式,使得本地学生和流动学生进一步增强融合意识和互动可能。另一方面,校少先队和校团委也充分开展升国旗、奏国歌等仪式性活动,让本地学生和流动学生在仪式参与中进一步获得融合的可能和意愿。

第三节 人口流动与乡村教育生源挤压

新型城镇化背景下市场机制对乡村教育变迁的另一个实践样态是生源挤压,即优质生源向上流动使得乡村教育面临生源危机。本节重点考察乡村教育场域中生源挤压的生成机制及其实践逻辑,并反思性审视作为一种社会事实的生源挤压对传统乡村教育产生的社会影响及其作用路径。因此,本节沿着下述思路开展叙述:首先,从家庭教育的实践者——家长的角度考察生源挤压的生成机制;其次,从学生的角度考察生源挤压的实践逻辑;最后,反思性审视生源挤压对传统乡村教育产生的社会影响及其作用路径,包括学校管理和教学实践等维度的影响。

一、生源挤压的生成机制与实践逻辑

笔者提出生源挤压直接受人口社会学"婚姻挤压"概念的影响。婚姻挤压是

超常规的性别导致的结果,即由于婚龄男女人口出现较大落差,有可能导致大批一种性别的人找不到配偶,其引发的社会问题具体包括:导致光棍阶层形成、对女性的生存状态造成威胁、对家庭造成冲击等。①

鉴于婚姻挤压概念及其引发的社会问题,笔者所谓的生源挤压是指这样一种现象:随着新型城镇化进程的进一步加速,村庄流动性增强使得人口迁徙的同时也引发家庭教育实践场所的外迁地导向,换言之,随迁受教育成为大部分流动人口举家迁徙的现实选择和集体行动;因此,这就导致好的生源逐层向上一级地区流动,如乡镇向县城流动、县城向市区流动,从而使得传统乡村教育面临生源危机,既包括生源数量逐年减少的危机,也包括生源质量普遍下降的危机。② 笔者在田野调查中发现,T镇部分乡村学校也面临生源挤压的现实困境,而进一步深入调查发现,新型城镇化引发的举家迁徙是生源挤压生成机制的逻辑起点。

首先,举家迁徙引发随迁子女教育"脱域"化转型。所谓随迁子女教育"脱域"化转型是指在"后乡土社会"(Post-earthbound Society)③里举家迁徙的同时将子女随迁至迁入地接受教育,但因城乡二元体制运作惯性及其公共教育资源的分层化分配机制④使得随迁子女只能接受一种"脱域"化教育。同时,笔者在田野调查中发现,大部分受访家长都认为这种随迁导致的"脱域"化教育比留守在老家里更有优势,虽然他们也承认子女可能在陌生教育环境中面临一系列适应困境,但他们还是做出了随迁的选择。T镇中学初一家长MEL告诉笔者他的理由:

"其实说实话,我们也是没办法,小孩马上升初一了,家里也希望能提供一个相对较好的教育环境给他,毕竟我和他妈妈外出打工也不能耽误孩子的教育问题,所以,上个月我们在合肥市联系了一个初中,虽然是合肥市比较一般的中学,但是也比乡镇中学的教学质量高,毕竟那里的老师都比较有水平的,这样虽然我们平时上班也没太多的时间照顾,但下班结束后毕竟能照应到一点。"(访谈记录20161203—FXTLMEL)

从MEL的陈述中可以发现,虽然他意识到儿子到合肥市的一个陌生环境里接受教育会存在一系列适应性问题,但一方面,为了给子女提供更好的教育质量和教育环境,且他认为市区普通中学的教育质量一定比乡镇或县城的重点中

---

① 靳小怡、谢娅婷、韩雪:《婚姻挤压下农村流动人口的生育性别偏好——基于相对剥夺感视角的分析》,《人口学刊》2013年第3期。
② 刘精明:《中国基础教育领域中的机会不平等及其变化》,《中国社会科学》2008年第5期。
③ 陆益龙:《后乡土中国》,商务印书馆,2017,第14页。
④ 张阳阳、谢桂华:《教育期望中的班级效应分析》,《社会》2017年第6期。

学教育质量还要好;另一方面,出于家庭教育结构完整和亲代抚育模式的必要性,他认为把儿子带出来接受教育也能得到完整的家庭教育和家庭照顾。显然,上述逻辑是一名普通家长兼顾生计模式、教育质量和家庭抚育等多维因素综合权衡的理性选择。此处,暂且不论随迁教育引发的教育"脱域"化转型和留守教育本身的优劣之分,笔者从生源挤压的另一重要实践主体和利益相关者——学生的主体角度考察生源挤压的生成机制及其背后的实践逻辑。

其次,学生作为教育"脱域"化转型的直接实践者存在多元化行动逻辑。所谓学生作为教育"脱域"化转型的直接实践者存在多元化行动逻辑是指因年龄结构、年级分布与学业成绩差异而对随迁受教育存在多元化态度和多样化动机。

问:你为什么今年暑假结束后选择到F县上初中呢?

答:我想到F县城读书,因为我有亲戚在F县一中读初三,他从小学就开始跟爸爸妈妈一起在县城里读书,每年暑假我们都在一起学习,我发现县城中学学生会的题目比我们多,我就想让爸爸妈妈也带着我去F县读书,不是说这里的同学学习不好,而是我想到更好的地方读书。

问:那你为什么觉得县城中学比乡镇好呢?

答:那肯定啊!F县中学的老师都是师范类的研究生毕业,而且他们都有丰富的教学经验,这是我表妹告诉我的,而且确实我表妹会的题目比我多,所以,我认为县城中学要比乡镇中学好。(访谈记录20161203—FXTLXM)

从XM的陈述中可以发现,她对随迁受教育具有较强的意愿,一方面因为每年寒暑假她都能接触到来自县城中学亲戚的熏陶,让她对县城中学充满向往;同时,她自身对学习本身具有较强的主动性和积极性,能够主动对家长提出要到县城接受教育;另一方面,她对乡镇中学教育和县城中学教育具有天然的倾向性,即她天然接受县城教育优越于乡镇教育。因此,她选择随迁受教育,换言之,对T镇中学而言,一名优秀的小学毕业生即将流失至县城中学。当然,笔者在田野调查中发现,高年级学生随迁就读的比例和意愿相对较高,而低年级学生随迁就读的比例则相对较低;同时,成绩优异的学生随迁就读的比例和意愿相对较高,而学业成绩相对较差的学生或者学习能力不强的学生随迁就读的比例和意愿相对较低。

最后,从乡镇学校角度而言,举家迁徙引发生源挤压是一种个体理性导致的一种社会学意义上的"未预期后果"(Unexpected Consequences)。[①] 笔者就学校

[①] 安东尼·吉登斯:《社会理论的核心问题:社会分析中的行动、结构与矛盾》,郭忠华、徐法寅译,上海译文出版社,2015,第9-12页。

如何看待家长及学生举家迁徙并随迁受教育这一问题,对 S 中学 ST 主任进行了深度访谈。

"其实学校作为主要受影响人,对生源挤压这个问题也是很矛盾的。于情于理,家长外出务工确实是为了创造更好的物质条件给下一代提供优越的教育环境和生活质量,所以,将学生带到务工所在城市接受教育本身也无可厚非,这也有利于亲子关系的融洽,对学生的身心成长也是有好处的;同时,学生自己想学习,尤其是本来学习成绩就比较好的学生到了初中或者高年级以后,自然想到县城或者市区去读书,这也是学生的权利,值得鼓励和支持;但是,从学校生源角度而言,这几年每年流出的学生逐年增多,尤其是品学兼优的优质生源,越来越少能留在乡镇学校。"(访谈记录 20161203—FXSLST)

笔者查阅了 S 中学近五年生源变化情况后发现,2012—2013 年转出学生 9 人,2013—2014 年转出学生 16 人,2014—2015 年转出学生 22 人,2015—2016 年转出学生 38 人,2016—2017 年转出学生 55 人。显然,近五年来生源流失率不断增加。就学校而言,一方面,理解并支持家长和学生做出的随迁受教育这一举动;另一方面,逐年增多的优质生源流失对学校教育实践本身也产生了一系列负面影响,但对此问题目前 S 中学仍无法得到有效的缓解措施。笔者将在下文继续详细阐述生源挤压对学校教育实践影响的具体表现形式和作用路径。

二、生源挤压的影响形态与作用路径

作为新型城镇化背景下乡村教育的重要变迁样态,举家迁徙引发随迁子女教育"脱域"化转型并进一步导致乡村教育实践场域里出现生源挤压现象,而这种个体理性引发的非预期性后果也对学校教育实践产生了一系列影响。[1] 笔者在田野调查中发现,生源挤压导致乡镇中学实践困境的影响形态及其作用路径主要包括下述维度和内容:

首先,作为乡村教育最直接的影响形态,即教育本身应有的功能难以发挥。具体而言,一方面,学校日常教学成效逐年下降,由于优质生源流失,无论是小升初或是初中升高中,升学成绩平均分逐年下降;同时,教师课堂教育和课后教育应起到的教书育人功能难以发挥或成效不显著。当然,笔者在田野调查中也发现,生源挤压除了品学兼优的优质生源流失外,一部分无法适应"脱域"化教育的随迁子女又返乡接受教育。

---

[1] 吴愈晓、黄超、黄苏雯:《家庭、学校与文化的双重再生产:文化资本效应的异质性分析》,《社会发展研究》2017 年第 3 期。

"优质生源流失是一方面,更重要的是很多在外地上学多年的学生因为不能适应又返回到我们学校读书,这就给学校教育管理和日常管理工作带来了很多意想不到的困难,比如,很多返乡读书的学生把一些不好的习惯带到班级传染给同班同学,加上家长又不在身边,学校教育无法与家庭教育形成合力作用。"(访谈记录 20161203—FXSLST)

另一方面,学校日常管理工作负担加重,不仅因为优质生源流失,也因为很多无法适应举家迁徙引发随迁子女教育"脱域"化的学生选择返回家乡读书,这又面临一个"再嵌"的问题或者再次适应的问题,即"教育衔接"困境。[①] 因此,返乡读书作为生源挤压的另一个重要实践维度和非预期后果,给传统乡村教育实践变迁增加了不确定性和复杂性。

其次,从师生结构角度而言,由于生源流动率较高,包括流失率和流入率均较高,使得教师流动率也逐年升高,从而导致教育连续性不高、教学质量延续性不强。笔者查阅了 S 中学近五年教师数量变化情况发现,2012—2013 年流动教师数量 57 人,2013—2014 年流动教师数量 48 人,2014—2015 年流动教师数量 39 人,2015—2016 年流动教师数量 31 人,2016—2017 年流动教师数量 22 人。结合 S 中学近五年学生流失比率可以发现,近五年来 S 中学教师流失率也在不断增加;同时,笔者在田野调查中了解到,虽然 F 县教育局在全县教师公开招考政策中明确规定,乡镇教师服务年限最低不少于 2 年,但实际上却很少有年轻教师,尤其是刚刚成家的年轻人愿意在乡镇中学服务满 2 年。F 县教育局 X 副局长告诉笔者:

"我们作为教育主管部门,希望通过引进年轻教师到基层乡镇中学服务,虽然在公开招考报名条件中都有明确规定,但实际效果并不理想,尤其是很多流动性大的学校,教师也没法安心教学,或者是因为地理位置偏僻或者是因为工作环境、工作氛围不适应等一系列原因吧!目前,县教育局也在积极探索更好的方式方法留住基层年轻教师。"(访谈记录 20161203—FXJYJRQ)

作为一名基层教育管理者,X 副局长的陈述表明,基层教师流动率高的原因除了生源流失、教育环境不理想等现实原因外,更重要的是在体制机制上并没有形成良好的激励体系,让年轻教师愿意在乡镇基层教育岗位服务。有研究指出,

---

① 应星、刘云杉:《"无声的革命":被夸大的修辞——与梁晨、李中清等的商榷》,《社会》2015 年第 2 期。

30岁以下青年教师的流动及流失意愿最为强烈,总体上工资收入越高,教师的流动及流失意愿越弱;同时,影响乡村教师流动及流失意愿的因素按重要性排序依次是子女上学及家庭生活、工资待遇与工作负担、学校位置及交通、住房条件、学校管理与教学风气。① 笔者认为,虽然不能将年轻教师流失的原因全部归咎于生源挤压,但生源挤压导致的优质生源流失和返乡教育问题造成了乡村教育实践场域的复杂化和实践环境的不确定性,毋庸置疑,这是导致实践中乡村教师流失不可忽视的重要现实原因。因此,解决乡村教育年轻师资高流动率问题的关键在于培育具有乡土情怀的教师,而反观现实的教育政策,不仅需要提高农村教师的物质待遇和丰富教师的精神生活,而且需要打通农村教师向上流动的通道。②

最后,返乡"再嵌"融合教育问题也是生源挤压对传统乡村教育的重要影响形态和作用路径之一。笔者就此问题对 S 中学分管教育的 SLK 副校长进行了深度访谈,他对笔者具体阐述了此问题:

"优质学生流失是导致学校教育问题的一个方面,其实从流失率角度看,近几年我们学生数量基本是没有太大的变化,因为有进有出,但是最关键的问题是出去的是品学兼优的学生,进来的都是在务工地学校不能适应的学生,或者在学校里接受过处分甚至有严重的是被学校开除的学生,这些问题学生再次返回到我们学校,我们在政策和制度上都无法拒绝他们,因此,这就给学校日常管理和学生事务工作带来了很多负面影响,现在学校领导层也在想办法对这些学生进行特殊管理或帮扶,希望尽快让他们融入学校集体生活。我认为,这才是生源流失问题最根本也是最严重的地方。"(访谈记录 20161203—FXSLSLK)

作为一名基层教育实践者,SLK 副校长认为从学校管理角度而言,生源挤压最大的问题和最根本的矛盾并不是品学兼优的优质生源流失,而是部分问题学生的返乡"再嵌"教育对目前乡村学校教育实践的影响③,尤其是教育衔接对学校教学实践和日常管理的影响。笔者在实地调查中发现,针对 SLK 副校长提出的问题,F 县教育局也积极从政策和制度层面给予回应,出台了包括《F 县人民政府办公室关于印发 F 县乡村教师支持计划实施办法(2017—2020 年)的通知》(政办〔2017〕4 号)、《F 县乡村教师支持计划实施办法(2017—2020 年)》等一

---

① 王艳玲、李慧勤:《乡村教师流动及流失意愿的实证分析——基于云南省的调查》,《华东师范大学学报(教育科学版)》2017 年第 3 期。
② 刘敏、石亚兵:《乡村教师流失的动力机制分析与乡土情怀教师的培养——基于"80 后""特岗教师"生活史的研究》,《当代教育科学》2016 年第 6 期。
③ 许传新:《学校适应情况:流动儿童与留守儿童的比较分析》,《中国农村观察》2010 年第 1 期。

系列政策文件,但目前均处于试点阶段,实践效果有待观察。

但笔者认为,当前子女教育、社会融入等问题是当前和今后一段时期的主要问题时①,流动人口返乡接受教育已成为一种社会事实②,如何衔接城乡二元教育体制和处理学校管理模式下的矛盾和冲突,不仅是学生个体需要解决的现实问题,作为乡村教育实践场域的乡镇中学也同样面临一系列新挑战和新问题。

第四节 本章小结

本章从人口迁徙与流动的视角考察市场机制作用下乡村教育变迁的发生机制及其实践逻辑,具体包括人口流动下的家庭教育变迁及学校教育变迁及其"生源挤压"困境。

首先,随着新型城镇化进程的进一步加速,举家迁徙已成为人口流动的一种新常态,由此产生的留守儿童教育和流动儿童教育成为乡村教育变迁的首要实践维度,换言之,留守家庭和流动家庭(随迁家庭)成为人口流动背景下乡村教育变迁的两类基本样态。作为新型城镇化背景下社会结构转型和功能变迁的微观机制和实践样态,家庭教育结构转型和功能变迁主要集中体现在留守家庭的隔代抚育模式及其困境以及随迁家庭抚育模式及其困境,因此,本章详细论述了新型城镇化集中人口流动与迁徙对留守家庭和随迁家庭教育模式影响的作用机制及其实践样态。

其次,人口流动对乡村学校教育也产生了不同程度的影响,且不同类型的学校教育的变迁样态和作用机制呈现出明显的差异化特征。作为新型城镇化背景下家庭教育模式转型及其功能变迁的另一主要利益相关主体,学校教育在人口急剧流动和快速变迁之流动的现代性结构下,不可避免将受到冲击,换言之,作为乡村教育场域里的另一重要利益相关主体,学校这一亚场域也将面临一系列实践困境,因此,本章详细阐述了留守型学校和随迁型学校两种类型学校的实践困境。

最后,新型城镇化背景下市场机制对乡村教育变迁的另一个实践样态是生源挤压,即优质生源向上流动使得乡村教育面临生源危机。笔者所谓的生源挤压是指这样一种现象:随着新型城镇化进程的进一步加速,村庄流动性增强使得

---

① 段成荣、吕利丹、邹湘江:《当前我国流动人口面临的主要问题和对策——基于 2010 年第六次全国人口普查数据的分析》,《人口研究》2013 年第 2 期。

② 汪永涛:《返乡或留城:北京市流动儿童的教育分流》,《当代青年研究》2016 年第 1 期。

人口迁徙的同时也引发家庭教育实践场所的外迁地导向,换言之,随迁受教育成为大部分流动人口举家迁徙的现实选择和集体行动;因此,这就导致好的生源逐层向上一级地区流动,如乡镇向县城流动、县城向市区流动,从而使得传统乡村教育面临生源危机,既包括生源数量逐年减少的危机,也包括生源质量普遍下降的危机。同时,作为新型城镇化背景下乡村教育的重要变迁样态,举家迁徙引发随迁子女教育"脱域"化转型并进一步导致乡村教育实践场域里出现生源挤压现象,而这种个体理性引发的非预期性后果也对学校教育实践产生了一系列影响。

第四章 行政机制：撤点并校与乡村教育都市化转型

本章从历史变迁的视角考察新型城镇化背景下乡村教育的另一重要实践，即撤点并校及其对乡村教育转型的影响机制。具体包括下述内容：首先，通过对F县Z镇撤点并校的历史考察和诠释，剖析其背后的现实基础和政策动因；其次，基于Z镇撤点并校事件的诠释性分析，反思性审视撤点并校对乡村教育产生的影响，包括教学实践模式、学校日常管理模式、师资结构及其再生产模式等多面向的影响；最后，通过反思性审视撤点并校对乡村教育产生的影响提炼出新型城镇化进程中前者对后者产生影响的作用机制。

第一节 撤点并校的基层实践

一、撤点并校的历史沿革

据《F县Z镇中心学校简史》记载，1992年，原N乡、M乡合并成立NM镇，NM镇教委成立。2004年元月，在实行"以县为主"的完善农村义务教育管理体制改革中，NM镇教委撤销，NM镇中心学校成立，校址设在原N乡初级中学（1969年建校）。

2006年4月，因行政区划调整，NM镇更名为Z镇，学校更名为Z镇中心学校。2009年4月，F县完善义务教育管理体制，Z镇成立新的中心学校，校址设在农兴小学（原Z镇中心小学，1948年建校）。2009年10月，Z镇Y小学和L小学与中心学校合并搬迁至现址。Z镇中心学校学区范围覆盖整个镇区。中心学校现有小学2所，所辖幼儿园4所，其中公办园1所，民办园3所。学区位于Z

山北麓,东接F县城,西倚合肥市,交通便捷,区位优越明显。

目前,学区内现有人口近50 000人(含流动人口),随着Z镇新型城镇化进程的进一步加速,更多高等院校和社会企业的扎堆式入驻,镇区人口将会大幅增加,生源将会更加丰富,群众对在镇区建设优质学校的要求也日益迫切。

首先,Z镇中心学校(本部)。Z镇中心学校是三所小学合并迁址新建学校、新农村规划点配套学校、合肥市民生工程中小学建设项目之一。该项目于2007年由县计委批准立项,规划设计方案由县规划委员会在2008年3月12日的会议中通过。学校位于Z镇镇政府东300米处,占地63亩。校内教学区、生活区、运动区分布合理,校园环境优美。学校设计规模为每个年级4个平行班,6个年级计24个班;服务半径3.5公里,覆盖人口3万人。学校现开设18个教学班,教师40名,学生900名。生均建筑面积达到7.6平方米,生均运动场面积达到6.1平方米,生均图书22.1册,生机比6.1∶1,接入宽带30M,科学实验室1个,"班班通"设备21台,配备录播教室和互动学习教室,教师网络学习空间开通应用率和学历合格率均为100%,按照省义务教育实验课程安排表的要求开齐开足课程。学校内设少年宫,开设计算机、舞蹈、音乐、书法、绘画等课程,配有心理辅导室、留守儿童之家。

其次,L小学。L小学地处三岗苗木基地的中心,坐落于合肥市新农村建设"十镇百村"示范点之一的Z镇B村。L小学是根据全镇新农村建设规划和中小学布局调整要求新建的一所完全小学。2006年9月,Z镇中心学校撤并白衣、光明、L 3所小学,组建L小学。学区覆盖半径3公里,服务人口近万人。学校占地面积11 000平方米,建筑面积830平方米,生均建筑面积10.8平方米,校园运动场地面积747平方米,生均运动面积9.7平方米。学校现有学生近百人,教师11人,6个教学班。L小学教师队伍爱岗敬业,他们怀抱为家乡育英才的教育理想,扎根乡村,默默奉献。该校是F县教育工作先进集体,有2人获得县"献身农村教育成就奖"。

最后,中心幼儿园。为落实F县政府第一个学前教育三年发展规划,F县教育局于2011年投资建设群众盼望已久的Z镇中心幼儿园,该园按合肥市标准设计,有9个班。园区占地4 002平方米,建筑面积2 040.76平方米。该项目于2012年8月竣工,秋季开学投入使用。该园位于Z镇中心学校校园内,环境优美,条件较好,文化氛围浓厚,管理规范,收费低廉,现开设6个班,在园幼儿200人。该园严格按照《幼儿园工作规程》开展保教活动,科学开发幼儿智力,培养幼儿良好习惯,受到家长好评和主管部门认可,是合肥市一类幼儿园。

2012年9月,国务院办公厅发布的《关于规范农村义务教育学校布局调整的意见》(国办发〔2012〕48号)明确指出,随着我国进城务工人员随迁子女逐年增加、农村人口出生率持续降低,农村学龄人口不断下降,各地对农村义务教育学校进行了布局调整和撤并,改善了办学条件,优化了教师队伍配置,提高了办学效益和办学质量,因此,有学者用"文字上移"形容20世纪90年代末以来中国乡村教育出现的新趋势和新方向。① 笔者在实地调查中发现,作为"文字上移"的重要载体,撤点并校在新型城镇化尤其是就地/就近城镇化大力推行的当下,已成为乡村教育转型不可回避的重要议题。②

因此,笔者在整个田野调查中重点考察了F县Z镇中心学校撤点并校的历史。据《F县乡村教育工作情况汇报材料》提供的数据显示,2013年以来,F县共投入资金5亿多元,迁址新建了9所中小学,新建塑胶运动场33座,改造和新建学生食堂近20幢,对全县规划长期保留的中小学室内外地面、墙面以及校园道路、广场、绿化等进行全面改造升级,对14所寄宿制学校学生浴室进行彻底改造,全面使用太阳能供热系统,共采购了50 000套课桌椅、2 000套学生用床,更换了破旧设备。2013年以来,F县累计投入资金2亿多元,新建了1 416套教师公租房,基本满足了农村边远地区教师安居条件;同时,投入近10亿元,在城关地区新建一所90个班规模的新高中和县职业教育中心学校,并于2018年正式投入使用。

从Z镇乡村学校撤点并校的历史沿革看,作为学校布局和教育资源配置的实践方式之一,撤点并校在特定历史阶段曾经对乡村教育资源分布结构不均衡、师资配置不合理等客观问题的解决起到了一定的正面作用,尤其在中西部地区教育资源相对紧张和分配不均的省份,撤点并校的调节作用尤为明显。③ 笔者曾就此问题对Z镇中心学校L校长进行过深度访谈。

"乡村教育总体是向好的趋势发展的,Z镇乡村学校的历史沿革说明了这一点,比如以前20世纪90年代初期的办学条件十分简陋,现在大大改善了,大部分校内教学区、生活区、运动区分布合理,教学楼、综合楼、餐厅等硬件设施都一应俱全,这不得不说是国家政策在乡村教育倾斜的结果。当然,撤点并校本身也带来了一些新的问题和挑战。"(访谈记录20161212—FXZLS)

作为一名基层教育管理者和实践者,L校长认为撤点并校政策对乡村教育实践最直接的影响是硬件设施的改善,且这种教育资源倾斜得益于国家政策的

---

① 熊春文:《"文字上移":20世纪90年代末以来中国乡村教育的新趋向》,《社会学研究》2009年第5期。
② 周洪新:《城镇化进程中农村中小学"撤点并校"的问题研究——基于山东省N县的调查分析》,博士学位论文,山东师范大学,2013。
③ 单丽卿:《教育如何拆解社会——一个乡镇的教育调整和社会再造》,博士学位论文,中国社会科学院研究生院,2015。

重视,虽然 L 校长也不否认撤点并校政策在改善了乡村教育基础设施的同时也带来了一系列新问题和新挑战。正如他自己所言,"乡村教育总体是向好的趋势发展的……这不得不说是国家政策在乡村教育倾斜的结果"。

但与此同时,正如国务院办公厅发布的《关于规范农村义务教育学校布局调整的意见》(国办发〔2012〕48 号)中所指出的,"农村义务教育学校大幅减少,导致部分学生上学路途变远、交通安全隐患增加,学生家庭经济负担加重,并带来农村寄宿制学校不足、一些城镇学校班额过大等问题。有的地方在学校撤并过程中,规划方案不完善,操作程序不规范,保障措施不到位,影响了农村教育的健康发展。"据此,有学者认为中国乡村教育告别撤点并校时代,迈入了"后撤点并校时代"。[①]

笔者认为,且不论撤点并校政策在执行过程中出现的偏差,就 F 县的实践经验尤其是撤点并校对乡村教育转型变迁的影响而言,应当从新型城镇化进程中社会结构转型及其社会关系变迁维度考察撤点并校本身的实践逻辑和作用机制,就 F 县的实践经验而言具体包括:政策基础、政策动因、政策文本、政策实践、政策效果等多元维度,而非单纯从道义或伦理高度思辨性审视撤点并校这一客观社会事实。

二、撤点并校的政策实践

作为一种社会事实的撤点并校在 F 县实践过程中呈现出自身的特征。具体而言,一方面,随着新型城镇化进程的进一步推进,乡村社会结构流动性进一步增强,"乡土中国"蜕变为"后乡土中国"[②],"空心化""空壳化"[③]"无主体化""空巢化"已成为后乡土中国的新常态和新样态,乡村教育实践场域的社会结构发生质的型构;另一方面,作为国家公共政策的撤点并校基于乡村教育结构转型,将优质资源集中分配并优化配置结构,换言之,作为资源配置的撤点并校本身无可厚非,且具有一定的现实合理性和政策必要性。[④] 因此,下文笔者将重点分析 F 县撤点并校的实践逻辑,包括政策基础、政策动因、政策文本、政策实践、政策效果等内容。

首先,撤点并校的社会基础与政策动因。笔者在田野调查中发现,F 县撤点并校具有一定的现实基础,而最直接的现实基础是因生源挤压导致的大量教学设施闲置和废弃,就 F 县 Z 镇中小学教育教学设施而言,笔者的统计发现,自

---

① 胡荣:《"后撤点并校时代"——中国农村教育路在何方?》,《生活教育》2013 年第 1 期。
② 陆益龙:《后乡土中国》,商务印书馆,2017,第 14 页。
③ 周飞舟:《乡镇政府"空壳化"与政权"悬浮"》,《中国改革》2007 年第 4 期。
④ 叶敬忠:《农村中小学布局调整的社会宏观背景分析》,《中国农业大学学报(社会科学版)》2012 年第 4 期。

2001年到2012年的十余年间,差不多每一年都有一些小学撤并,14所小学共计占地面积131亩,房屋间数356间,截至2012年的数据显示,356间教学房屋中被乡镇收回的有66间,约占总房屋数量的18.54%;而被村集体收回的房屋共计82间,约占总房屋数量的23.03%,这就意味着2001年到2012年的十余年间仅有约41.57%的乡村教育设施(房屋)被乡镇集体和村集体回收利用,剩余58.43%的乡村教育设施(房屋)闲置或废弃,或被征收等。

F县Z镇乡村小学撤点并校房屋设施利用情况详见表4-1。

表4-1 F县Z镇乡村小学撤点并校房屋设施利用情况

学校名称	占地面积（亩）	房屋数（间）	乡收回（间）	村收回（间）	闲置（间）	备注
烧脉小学	11	35	1	2	1	暂时废弃
苏湾小学	11	25	0	3	4	暂时废弃
周祠小学	7	20	0	4	4	村出租
栗树小学	9	21	0	5	3	村出租
永安小学	7.5	30	9	6	5	村出租
老罗坝小学	9	17	8	9	7	村占用
白衣小学	12	17	7	4	8	暂时废弃
九龙小学	10	17	6	4	3	村出租
园艺场小学	4.5	18	9	3	2	原园艺场占用
泗洲小学	10	22	7	2	3	项目拆除
农兴小学	15.5	82	5	2	23	被村镇占用
油坊小学	5	17	5	12	2	被村镇占用
光明小学	9.5	17	5	11	1	被村镇占用
白水塘小学	10	18	4	12	2	暂时废弃

注:数据来自F县教育局。

笔者曾在第二章重点阐述了新型城镇化背景下乡村教育变迁的一种重要现象——"生源挤压"。所谓的生源挤压是指这样一种现象,即村庄流动性增强使得人口迁徙的同时也引发家庭教育实践场所的外迁地导向,换言之,随迁受教育成为大部分流动人口举家迁徙的现实选择和集体行动。因此,这就导致好的生源逐层向上一级地区流动,如乡镇向县城流动、县城向市区流动,从而使得传统乡村教育面临生源危机,既包括生源数量逐年减少的危机,也包括生源质量普遍下降的危机。在田野调查中发现,撤点并校社会基础的重要原因——大量教学设施闲置和废弃正是由于生源挤压作用机制而发生的,这一观点也得到Z镇中心学校L校长的佐证。

"一个最直接也是最重要的原因就是农村小学的学生越来越少,包括中学生在内,十几年来Z镇乡村小学生源越来越少,这也是无可奈何的问题,不仅导致大量的教学设施无法正常使用,也使得国家政策不可能再向乡村小学倾斜,因为没有生源就没有投资的必要。所以,十几年来Z镇乡村小学陆陆续续都撤并了,不少学校的教室被乡镇或村集体回收,最近几年很多学校教室被出租或被征收,有的教室到现在还被荒废着。"(访谈记录20161212—FXZLS)

显然,作为撤点并校的亲身经历者,L校长认为该政策最根本的现实原因和社会基础并非政策本身,生源挤压导致了乡村教育"无人可教"的困局。因此,虽然教育部2012年发文明确要求严禁任意撤并义务教育阶段的中心小学,但是也没有真正刹住车,部分地区仍然如火如荼地开展①,因为根源不在于是否需要撤并或政策本身的合理性,恰恰相反,是乡村教育实践场域中无人可教现实下的合理选择。换言之,政策话语和实践话语的张力本身需要用客观视角进行反思性解读和解释性诠释。② 正如L校长所言,"国家政策不可能再向乡村小学倾斜,因为没有生源就没有投资的必要。"

其次,撤点并校的政策文本与政策实践。撤点并校指的是自20世纪90年代末已经存在且2001年正式开始的一场对全国农村中小学重新布局的"教育改革",具体说来,就是大量撤销农村原有的中小学,使学生集中到小部分城镇学校。全国范围的数据显示,从1997年到2010年的14年间,全国减少小学371 470所,其中农村小学减少302 099所,占全国小学总减少量的81.3%。③ 单就合肥市F县撤点并校具体数据而言,F县教育局相关负责人与笔者有如下一段对话:

问:F县撤点并校的具体数据有吗?
答:F县的具体数据目前并没有得到完全精确的统计,因为九年一贯制学校改成小学后,学校依然在,但是具体数量可能因为乡镇中学在统计口径上的差异而无法精确,这本身也反映了撤点并校在基层实践中存在一定的乱象,也就是说

---

① 范先佐:《农村中小学布局调整的原因、动力及方式选择》,《教育与经济》2006年第1期。
② 周雪光:《基层政府间的"共谋现象"——一个政府行为的制度逻辑》,《社会学研究》2008年第6期。
③ 李龙、宋月萍:《撤点并校背景下的人口流动意愿——来自农村地区的证据》,《清华大学教育研究》2015年第2期。

到底哪些学校需要撤并,撤并过程中如何优化资源配置,尤其是班级人数问题,这些实际上都没有经过严格论证和推敲,出现了部分乡镇中学盲目撤并的问题,当然就会产生一些问题。

问:比如会出现哪些问题呢?

答:正如我刚才所说的,因为没有严格论证,乡镇中学在盲目撤并中最常见的问题是学生上学的距离远了,给学生就地就近入学带来了不便,另外,存在教师资源的优化和配置问题,教师流失率也在增加,再有就是学校日常管理工作也因为人数增加而面临挑战。(访谈记录20161208—FXJYXRQ)

作为一名基层教育管理者,X副局长虽未提供给笔者F县撤点并校的具体数据,但他在访谈中对撤点并校政策文本和政策实践的诠释和解读给了笔者深刻的启发和反思。具体而言,一方面撤点并校导致乡村学校大量向城镇地域范畴聚集,乡村教育面临不确定风险,如农村孩子上学距离增加,导致辍学率上升;但另一方面,乡村学校的撤并和城镇聚集被部分政策制定者和实践者认为有助于提升乡村教育质量从而有利于乡村受教育者得到更好的义务教育,其积极的政策效应足以弥补政策实施本身带来的负面影响。

最后,政策实践效果。有研究指出,一方面上级政策尤其是中央层面的指导性政策,在地方政府实践过程中往往出现变通甚至走样。比如,撤点并校的政策实践被推向极致从而导致其违背了"教育服务社会"的基本宗旨。因此,地方政府无论从道义还是情理上均不应基于行政推动式的大包大揽,特别是不能让那些村落底层为之付出巨大代价甚至还无法表达。①

"乡村学校撤并确实给学生上学带来了一些不便,但从教育的角度来说,教学需要一定的规模效应,生源太少或者学校太分散都不利于教学。在涉及学校布局调整时,教育部门的原则是不能因为调整而给学生上学带来不便。如果到新学校上学距离太远,则不鼓励将该学校撤并。"(访谈记录20161208—FXJYXRQ)

X副局长认为,虽然撤点并校在基层实践中存在部分问题,比如增加了入学距离,但这并未从根本上否定撤点并校政策本身的合理性,换言之,放弃"一村一小学"的散点式办学模式,积极推进教育资源优化和配置机制改革,全面提高中小学教育投资效益和教学质量,客观上可以促进农村基础教育事业健康可持续发展,且本身也符合目前中国新型城镇化背景下市场机制配置教育资源的基本特征。一言以蔽之,撤点并校的政策实践效果有待从学生、教师、学校日常管理

---

① 李涛:《农村学校布局调整须加速重心转移》,《中国民族教育》2015年第1期。

和基础教育资源配置等多元利益相关主体的角度进行系统性、反思性考察。因此,笔者将在下文以 F 县为例,重点阐述撤点并校政策实践的作用效果及其作用机制,从而进一步提炼出新型城镇化背景下乡村教育都市化转型的实践逻辑。

第二节　撤点并校与学校教育的影响机制

本节基于 Z 镇撤点并校事件的诠释性分析,反思性审视撤点并校对乡村教育产生的政策影响及其作用机制,包括教学实践模式、学校日常管理模式、师资结构及其再生产模式等多面向的影响。

一、乡村师资结构

没有基础教育设施及其资源的优化和完善配置机制,本身并未很好地解决乡村教育尤其是偏远地区乡村教育面临的现实困境。有研究指出,在部分地区小微学校的困境依然在延续。事实上小微学校已经形成了一种独特的乡村义务教育模式,且在目前的结构性条件下,这种模式正面临着深刻的危机,而现有的政策设计和制度安排可能尚不足以从根本上化解这场危机。[①]

笔者在 F 县 Z 镇的实地调查中发现,Z 镇乡村学校在撤点并校政策实践过程中,同样面临师资结构失衡及其再生产困境。笔者曾就此问题对 Z 镇中心学校 L 校长进行过深度访谈。

"不进行配套的系列改革,想单纯通过撤点并校的方法彻底解决乡村教育的问题是天方夜谭,就我的教育管理经历而言,乡村教育既不能没有硬件设施的大量投入和政策扶持,同样不能缺少对师资力量的建设,不进行师资队伍建设是不可能从根本上彻底解决乡村教育面临的现实问题的。"(访谈记录 20170228—FXZLS)

作为一名基层教育管理者和实践者,L 校长认为撤点并校政策要真正落到实处而发挥应有的政策效应,必须辅之以系列的配套改革方案,尤其在师资队伍建设方面需要得到政府和教育主管部门的高度重视,唯有如此才能从根本上解决乡村教育的核心困境,正如其所言,"不进行师资队伍建设是不可能从根本上彻底解决乡村教育面临的现实问题的。"因此,2012 年和 2017 年 F 县教育局先

---

① 闻翔、亓昕:《小微学校:乡村义务教育的新模式及其危机》,《学海》2015 年第 5 期。

后出台了一系列政策文件专门针对撤点并校过程中,乡村教师结构优化和师资队伍建设问题,具体包括:《关于进一步加强全县教师队伍建设的意见》(肥发〔2012〕15号)和《F县人民政府办公室关于印发F县乡村教师支持计划实施办法(2017—2020年)的通知》(政办〔2017〕4号)。

下面笔者就针对上述两个文件中关于如何解决乡村教师结构优化和师资队伍建设问题进行政策解读和评述。

《关于进一步加强全县教师队伍建设的意见》明确指出,"强化措施稳定全县基层教师队伍",具体包括如下措施:

第一,加大基层教师交流力度。F县教育主管部门要积极推进城区学校间、农村学区学校间的教师定期交流,严禁学校之间私自借用教师。推行城乡间教师支教、挂职等多种形式交流,实施城乡学校结对帮扶,加强薄弱学校师资建设。学区中心学校要实行教师"无校籍"管理,推进教育均衡发展。

第二,职称评聘向基层学校倾斜。对长期在农村Ⅲ类、Ⅳ类(依据农村艰苦学校条件划分的地区类别)地区学校任教的教师,男年满56周岁以上且在农村工作30年以上,女年满51周岁以上且在农村工作25年以上、仍在教学岗位上、服从学校安排、工作成绩突出、未评聘中级职称的,直接评审和聘任中级职称。

第三,支持教师扎根基层任教。在农村学校任教的教师,任教期间发放农村任教服务津贴。标准是:服务满5~14年Ⅱ类地区每人每月50元、Ⅲ类地区100元、Ⅳ类地区200元;服务满15年以上Ⅱ类地区每人每月100元、Ⅲ类地区150元、Ⅳ类地区260元。

第四,实行新任教师服务期制度。中小学新录用教师优先分配到农村地区学校上岗教学,并实施5年制服务合同。学区中心学校、九年一贯制学校的新任教师原则上分配到所辖村小任教,并实行3年服务期制度。

第五,推进城镇教师到农村支教。推动城镇学校教师支援农村教育工作,实施城乡学校教师互动交流。县城及周边学校教师到农村学校驻点支教、完全中学富余教师到初中或小学驻点支教、初中富余教师到缺编初中或小学驻点支教,经教育主管部门研究同意并考核合格的,每人每月补贴生活费500元。

在实地调研中,F县教育局分管基层教育的X副局长告诉笔者:

"在学校教育中,教师处于主导性地位,是决定教育质量的关键因素。近年来,我县师资队伍建设虽然取得了显著成绩,但与深化教育改革、全面推进素质教育以及广大人民群众的愿望和要求相比,教师队伍的数量、结构和质量还存在着许多不适应教育发展的问题,比如少数教师爱岗敬业不够、自身要求不严、教育观念落后、创新意识淡薄、教学能力较差等问题,影响了教育教学质量的提升,加强教师队伍建设已势在必行。因此,针对这些问题,2017年全县乡村学校优质教师来源得到多渠道扩充,乡村教师资源配置得到改善,教学能力稳步提升,工资福利待遇得到较好保障,乡村教师职业吸引力明显增强,乡村教师队伍逐步形成'下得去、留得住、教得好'的良好局面。到 2020 年,努力造就一支数量充足、结构合理、素质优良、甘于奉献的乡村教师队伍。"(访谈记录 20170209—FXXRQ)

《F 县乡村教师支持计划实施办法(2017—2020 年)》中明确指出,实施乡村教师支持计划和倾斜性扶持政策,不仅有利于解决 F 县乡村教师队伍建设的基本问题,强化教育教学质量,充实教育师资队伍,提升教师队伍总体质量,也能促进全县师资优化配置和基础教育一体化发展。具体措施包括:

1. 优化乡村学校教师资源。(1)统一城乡学校编制标准并向乡村学校倾斜。按照省编办、省教育厅、省财政厅统一核定的编制标准,足额分配乡村学校教师编制,按照"县管校聘"要求,依据班额和生源等情况,动态调整教职工编制,并报县编办、县人社局、县财政局备案。(2)建立健全乡村教师补充机制。加大教师招录力度,在空编的情况下补充教师优先向乡村学校倾斜,优先补充教学点、村小音乐、体育、美术等紧缺学科教师,实现乡村教师学科"全覆盖",满足开足开齐课程的需要。(3)实施定向本土化培养教师制度。根据 F 县乡村教育事业发展需要,由省内师范院校定向培养一批一专多能"全科型"的乡村教师。通过定向培养的专科和本科毕业生,毕业后按照定向培养协议占编分配到指定的乡村学校任教,任教服务期应不少于 6 年。(4)切实解决乡村学校紧缺学科教师问题。积极运用在线课堂等信息化手段解决教学点、村小学结构性缺编问题,统筹规划在线课堂开设和师资配置,在中心校适当增加音乐、体育、美术等紧缺学科教师;将乡村学校因特殊情况导致的临时紧缺教师、实习实训教师、专业人员岗位纳入政府公益性项目,采用政府购买服务的方式,聘请部分有专长的退休教师或优秀专业人员到乡村学校任教。(5)建立健全城镇学校对口扶持机制。组织名师、名班主任、名校长工作室和城区中小学骨干教师到乡村学校跟踪指导教研教学培训工作;组织城区中小学对口帮扶乡村学校。推广集团化办学在学校文化、队伍建设、教育教学管理、课程开发、资源共享等方面的成功做法,全面提升帮扶工作质量和内涵。(6)发挥乡村中心学校对村小学、教学点师资的统筹管理职能。重点推进乡镇范围内中心学校与村小学、教学点教师间的交流轮岗,以乡镇中心校和所属村小学、教学点为一个"学区",编制"学区"课程表,统筹"学区"内师资特别是短缺学科教师的管理使用,成立"学科教师服务中心",采取巡回授课、"走教"等方式,确保乡村小学、教学点开齐国家规定的所有课程。

2. 依法保障和提高乡村教师合理待遇。(1)落实提高乡村教师待遇政策。依法保障乡村教师工资按时足额发放。落实乡镇工作补贴制度。在全面推行乡镇工作补贴的同时,切实按照《合肥市人民政府关于加强中小学教师队伍建设的意见》(合政〔2015〕105号),落实乡村教师生活补贴制度。对农村Ⅱ、Ⅲ、Ⅳ类学校教师实行交通补助。(2)改善乡村教师工作生活条件,继续开展农村学校教师公租房建设,配齐在建和已建公租房的太阳能、自来水等生活设施。(3)职称(职务)评聘向乡村教师倾斜,注重乡村教师的师德素养、教育教学一线实践经历等。所有兼任学科同等互认、业绩同等考量。对超岗位职数的乡村学校,可采用"退二聘一"的办法实施评聘。对长期在农村Ⅲ类、Ⅳ类地区学校任教的教师,男年满56周岁以上且在农村工作30年以上,女年满51周岁以上且在农村工作25年以上,仍在教学岗位上、服从学校安排、工作成绩突出、未评聘中级职称的,直接评审和聘任中级职称。(4)加大对乡村教师的鼓励力度。按照国家和省市相关规定,在组织推荐评选特级教师、学科带头人、骨干教师等专业称号和师德楷模、师德先进个人、优秀教师、优秀教育工作者、优秀班主任等表彰活动中,对乡村教师单独切块,向乡村教师倾斜。每年以县政府名义对一批长期在农村学校、薄弱学校工作的教师和交流轮岗到农村学校、薄弱学校并做出突出贡献的教师予以表彰。

3. 全面提升乡村教师能力素养。(1)合理制定乡村教师培训规划。把乡村教师培训纳入基本公共服务体系。推进乡村教师能力提升计划,按规定落实教师培训经费,形成国家、省、市、县、校五级教师培训体系。进一步健全乡村教师专业发展平台,发挥现代信息技术在教师培训中的作用,分三年对乡村学校校长实施信息技术应用能力全员培训;整合教师培训资源,建好县继续教育中心。(2)多渠道助力乡村教师培训。实施教师专业发展培养工程,依托名师、名班主任、名校长工作室,每年安排一批教师和校长赴长三角跟岗研修、参加专题培训和全科教师培训等。

4. 大力促进优秀教师向乡村学校流动。(1)大力推行中小学教师"无校籍管理"和"县管校聘"改革。(2)选拔乡村教师到城镇学校、优质学校跟班研学。现职省特级教师需联系1~2所乡村学校,定期开展"送培送教"活动。(3)教龄满30年,有高级教师职称资格而未聘任的城镇教师,本人自愿到乡村学校支教3年以上的,可不受学校岗位职数限制。(4)镇中小学教师晋升高级教师职称(职务),须具有在乡村学校或薄弱学校任教(支教)2年以上的经历。新任城镇学校校长原则上须有2年以上乡村学校或薄弱学校工作经历。城镇教师到农村Ⅱ、Ⅲ、Ⅳ类学校驻点支教,经教育主管部门研究同意,经考核合格的每人每月补贴生活、交通补贴费500元、600元、700元。

从上述文本分析中可以发现,作为撤点并校的配套改革方案,无论是《关于进一步加强全县教师队伍建设的意见》或《F县乡村教师支持计划实施办法(2017—2020年)》都对乡村教师的重要性给予了高度肯定和重视,尤其在优化城乡资源配置和乡村基层教育工作队伍建设方面。因此,上述文件及其配套改革措施都为 F 县撤点并校政策实践提供了必要的制度保障和政策支持。

二、教育实践模式

作为撤点并校政策实践效应的另一重要实践样态,乡村教育实践模式也发生了实质性变化。学术界曾就中国乡村教育发展理念、方向、目标、路径等开展了大量的研究,但仍然存在农村教育城镇化还是守护乡土教育本真、离农性还是为农性、文字下乡或是文字上移等系列农村教育发展的二元争论[1],且至今仍未就中国乡村教育发展的根本问题取得实质性共鸣。[2] 笔者在 Z 镇的实地调查中发现,Z 镇乡村学校在撤点并校政策实践过程中,乡村教育实践模式呈现都市化转型,其作用机制主要集中体现在教学实践模式、学校日常管理模式、师资结构再生产模式三个维度。

首先,教学实践模式。作为乡村教育实践模式都市化转型的首要实践样态,教学实践模式的转型集中表现为现代化。笔者曾就此问题对 Z 镇中心学校 L 校长进行过深度访谈。

"我个人认为,教学模式的变化主要是向城市先进的兄弟学校学习。我们曾多次组织学校中层以上领导到 F 县和合肥市有关先进中小学学习考察,目的就是要响应 F 县教育局关于乡村教育现代化的一系列文件精神,所以,从这个角度说,撤点并校不是没有一定的道理,尤其是当它需要和乡村教育现代化发展需求结合起来的时候,不撤并学校怎么开展工作呢?"(访谈记录 20170224—FXZLS)

作为一名基层教育管理者和实践者,L 校长认为撤点并校后乡村学校教学模式的主要变化是按照城市先进学校的模式进行复制,且不论这种现代化模式的复制过程中是否存在"无根的社区与悬置的学校"这种实践困境[3],也暂且搁置该转型过程中存在的价值冲突[4],笔者认为,作为撤点并校后乡村学校教学模式的主要样态,都市化转型具有一定的现实意义和实践价值,这一点从《F 县 Z 中学校章程》中可见一斑。

为便于行为阐述需要,现摘录部分章程内容如下:

---

[1] 李涛:《中国乡村教育发展路向的理论难题》,《探索与争鸣》2016 年第 5 期。
[2] 范先佐:《乡村教育发展的根本问题》,《华中师范大学学报(人文社会科学版)》2015 年第 5 期。
[3] 李红婷:《无根的社区 悬置的学校——大金村教育人类学考察》,博士学位论文,中央民族大学,2010。
[4] 吴晓刚:《中国当代的高等教育、精英形成与社会分层 来自"首都大学生成长追踪调查"的初步发现》,《社会》2016 年第 3 期。

第三十六条　学校以教育教学工作为中心,其他各项工作均要以有利于、服务于教育教学工作的开展为原则。

第三十七条　学校将育人工作放在第一位,实行教书育人、管理育人、服务育人。学校加强爱国主义教育、理想信念教育、优秀传统文化教育、公民意识教育、生态文明教育等,发挥各学科独特育人功能。开展养成教育,培养学生良好行为习惯和健康生活方式。学校有主要领导分管德育工作,有具体落实德育工作的负责人和办公场所。组建一支以班主任、少先队辅导员、少年宫辅导员、关工委成员为主的德育工作队伍。学校将德育工作实绩纳入教师评价和绩效考核中。充分挖掘教育资源,形成家校合作和社会互相配合的教育网络。

第三十八条　学校贯彻国家课程、地方课程和校本课程三级管理体制,认真执行国家和地方课程计划,积极开发校本课程。

第三十九条　学校坚信每个学生都能取得成功,善待每一位学生,发现和发掘学生的长处,创设环境,创造条件,尊重差异,因材施教,让每个学生不断取得一个个成功。学校特别关注学困生、留守儿童等特殊学生群体,积极做好关爱、帮扶工作。

第四十条　课堂教学充分发挥学生的主体作用,尊重学生的个体差异,在教学中鼓励学生自主学习、合作与探究,建立民主平等的师生关系,形成融洽和谐的课堂教学氛围。

第四十一条　合理安排作息时间,学生每日在校用于教育教学活动的时间不超过6个小时;节假日不安排学生集体补课或上课;以国家、省有关规定为准绳,作业内容精选,数量适当,切实减轻学生的课业负担。

第四十二条　学校积极推进和鼓励教学研究和改革,运用先进的教育理论指导教育教学活动,积极推行科研成果及成功经验。学校校长是教科研工作的第一责任人,分管教学副校长是直接责任人,教导处是教科研工作的管理机构,教导处主任为具体责任人。学校根据教育主管部门要求完善教研制度并切实加强制度执行力。根据教育主管部门教师教研常规工作评价细则,对教师的教研工作进行评价,纳入年度考核和绩效评价范围。

第四十三条　学校严格执行有关学校卫生工作法规规章,加强卫生工作。监测学生健康状况,定期对学生进行健康体检;经常对学生进行健康教育,培养学生良好的卫生习惯。

第四十四条　学校为社团设计载体(主要是少年宫),搭建舞台,充分展示成果。学生社团需制定章程,体现成员共同意愿。学生社团的基本任务是:遵循和贯彻党的教育方针,促进学生德、智、体全面发展,提高学生综合素质。开展健康有益、丰富多彩的课外活动,服务和凝聚学生。学生社团的活动经费由学校提供和管理。

其次,学校日常管理模式。作为乡村教育实践模式都市化转型的另一重要表现形态,学校日常管理模式转型呈现出显著的科层制特征。① 有研究指出,改革城乡关系,重建乡村文化,明确教育目标,再塑乡村教师,从而改变乡村及乡村教育的落后面貌是走出现代化进程中乡村教育迷失的必由之路。②

笔者在 Z 镇的实地调查中发现,学校日常管理模式科层化转型被视作走出上述迷思的首要路径,且日常管理模式的科层化转型有其客观的现实基础和制度支撑。《F 县 Z 中学校章程》显示:

1. 学校根据编制,设置副校长和办公室、教导处、总务处三个职能部门,其中,副校长对校长负责,协助校长分管教育、教学等方面的具体工作;办公室协助校长协调各职能部门、工会、少年队之间的工作,负责学校领导班子例会、校务会议、教职工会议记录,收、制、发文件,考勤、档案,对内对外宣传,具体落实德育、人事、师培工作;教导处负责教学、教研日常管理工作,牵头组织和开展教科研,指导教研组长、学科教师拟定计划,开展教学教研活动,指导和监督学校各功能教室使用,做好学籍管理工作;总务处负责做好校舍、资产、财务、食堂等后勤保障工作,具体落实安全、校园环境治理工作。

2. 学校工会作为教职工代表大会的工作机构,保障民主管理、民主监督的落实,维护教职工的合法权益。

3. 学校少先队积极组织开展各项课外活动和德育主题活动,主动配合相关部门抓好学风、校风建设,定期上好队课,定期发展队员。

4. 校务会议是学校日常行政工作决策会议,讨论决定学校行政工作事宜。校务会议实行集体讨论、校长决定的体制;校务会议由下列人员组成:校长,副校长,学校党总支书记、副书记,工会主席,各职能部门主任、副主任,少年队大队辅导员;校务会议原则上每周召开 1 次,由校长召集和主持。

5. 学校建立以教师为主体的教职工代表大会制度,保障教职工参与学校民主管理和监督;教职工代表大会行使审议建议权、审议通过权、评议监督权。凡与教职工利益直接相关的福利、校内分配实施方案以及教职工职务评聘、考核,须经教职工代表大会审议通过;教职工代表大会每三年一届,每学年召开 1~2 次会议,闭会期间日常工作机构为学校工会委员会。

从《F 县 Z 中学校章程》的文本分析中发现,学校日常管理模式科层化转型的实践样态集中体现为:学校实行校长负责制、人事编制化、教职工代表大会制

---

① 梁玉成、吴星韵:《教育中的户籍隔离与教育期望——基于 CEPS 2014 数据的分析》,《社会发展研究》2016 年第 1 期。
② 王建立:《现代化进程中乡村教育的迷失与转型》,《江苏教育学院学报(社会科学版)》2010 年第 7 期。

度和学校工会制度的建立、学校日常行政工作决策会议制度以及校务公开制度等现代科层管理体制机制的建立。一言以蔽之,撤点并校政策的有效实施离不开学校日常管理制度科层化转型和现代化重构。

最后,师资结构再生产模式。师资结构再生模式的现代化变迁是学校日常管理模式科层化转型的必然产物和预期性后果,换言之,作为学校日常管理模式的重要组成部分和关键机制,师资管理模式也随之发生现代科层化转型。笔者曾在上文论述过乡村师资结构的变化及其实践样态,尤其从如何解决乡村教师结构优化和师资队伍建设问题制度层面解读了撤点并校后乡村教育实践过程中师资问题引发的一系列连带问题。但此处仍需提请读者注意的是,无论学术界关于"文字上移"及其引发的"师生去留"问题作出何种考量①,笔者在Z镇的实地调查中发现,教师管理的科层化存在实践合理性,而非部分学者关注的"在师资政策之维,按需培养责任型乡村教师"。② 现仍以《F县Z中学校章程》为例:

1. 学校执行国家教师资格证制度及教师专业技术职务评定制度,没有教师资格不得从事教学工作。

2. 学校实行教职工岗位聘用制。教职工经评定具备相应岗位任职条件的,由学校按照教职工的师德情况、工作能力和业绩聘用。在双方平等自愿的基础上,由校长和受聘的教职工签订聘用合同。

3. 学校依法保障教职工的工资、福利待遇,为教职工缴纳社会保险费;学校关心教师生活状况和身心健康,经常组织形式多样的活动,定期安排教师体检。

4. 学校做好教师专业成长规划,针对新上岗教师、青年教师、中年教师等不同群体确定相应培养方案,组织教师参加校本培训和专项培训,组织教师从事教学研究、学术交流,促进教师专业成长;学校引导教师对自己的专业成长进行规划,支持教师进行教研教改,鼓励教师参加县、市学科带头人和骨干教师评选,为师德规范、课堂教学的样板建立名师工作室,为他们的成长和成功创造条件。

5. 学校狠抓师德提升建设,以"三爱四有"(爱校、爱岗、爱生,有工作激情、有创新能力、有奉献精神、有职业操守)为主题,以规范教师从教行为为重点,推进师德师风建设;学校通过广泛宣传弘扬高尚师德、优化制度环境、健全考核监督机制等举措确保师德建设有成效。

6. 学校建立健全班主任选配、聘任、培训、考核、评优等制度,切实加强班主任队伍建设,提高管理水平和育人能力;班主任要履行职责,完成任务,同时享受

---

① 蔡志良、孔令新:《撤点并校运动背景下乡村教育的困境与出路》,《清华大学教育研究》2014年第2期。
② 曹长德、汪洋:《"村小去留":乡村教育之困与政策选择》,《教育发展研究》2017年第6期。

相应待遇。

7. 对取得教育教学成果和对学校作出重大贡献的教职工,根据学校的奖惩规定,予以表彰、奖励;对违反《中华人民共和国教师法》等法律法规和学校规章制度的教职工,根据学校的奖惩规定,予以处分。

从《F县Z中学校章程》的文本分析中发现,师资结构再生模式的现代化变迁是学校日常管理模式科层化转型的必然产物和预期性后果[①],其实践样态集中体现为:教师资格证制度及教师专业技术职务评定制度、教职工岗位聘用制以及社会福利制度、教师的权利义务、班主任选配聘任培训考核评优制度以及教师奖惩制度等一系列现代管理制度和惩罚激励机制的建立。一言以蔽之,教师管理的科层化存在实践合理性和现实基础。

第三节 乡村教育都市化转型与家庭教育的影响机制

本节基于Z镇撤点并校事件的诠释性分析,反思性审视撤点并校对家庭教育产生的政策影响及其作用机制,具体包括家庭结构、抚育模式两个维度,即家庭结构的"半留守化"和抚育模式的多元化。

一、家庭结构"半留守化"

家庭结构"半留守化"是撤点并校政策效应对家庭教育结构影响的重要实践样态之一,它是指这样一种现象:因家校互动需要父亲或母亲选择留守且另一方外出务工的一种家庭结构模式。笔者曾在第二章中集中论述过新型城镇化背景下家庭结构留守化的实践机制及其发生逻辑,具体包括家庭生计模式转型、家庭抚育结构转型以及家庭教育功能外化。

此处提出"半留守化"特指撤点并校对家庭教育结构影响的一种实践样态,与人口迁徙流动引发的留守家庭并不矛盾。[②] 换言之,实践中的留守家庭存在半留守与全留守的差异,前者是指父亲或母亲一方外出务工一方留守,而后者则是指父亲母亲全部外出务工的情形。笔者将系统阐述国家政策实践——撤点并校对家庭教育结构影响的实践样态及其作用机制,作为家庭结构"半留守化"转

---

① 王路芳、张旭:《"后撤点并校"时代农村小规模学校教师队伍建设研究——基于对46个国家级贫困县的调查》,《上海教育科研》2015年第7期。

② 李学勇、廖冲绪:《农村留守家庭的代际和谐初探》,《农村经济》2014年第12期。

型的实践样态,其发生机制具体包括下述维度。

首先,学校教学实践的都市化转型使得传统隔代抚育模式无法实现有效家庭互动①,因此,父亲或母亲一方选择留守正是出于最大程度实现家校互动从而营造更好的家庭教育环境。

"老师要用电脑和手机帮助孙子学习,这些先进的高科技我们老年人又搞不懂,经常没有办法帮助孙子完成老师布置的各种作业,所以只有让他妈妈从外地回来,毕竟她能懂网络和手机,不影响孙子的学习,老师也是建议孩子的家长要尽量有一方在家陪孩子读书。"(访谈记录 20161212—FXTHTLS)

从 T 镇中学学生爷爷 TLS 叙述中可发现,家庭教育的"半留守化"本身也是家庭生计模式和乡村教育实践都市化转型之间在家庭层面的一种权衡。一方面,家庭需要考虑如何实现劳动力经济效益最大化②,换言之,劳动力外出务工本身也成为家庭理性的一种现实选择;同时,这种经济效益最大化本身也是家庭教育实践物质基础的重要来源甚至是唯一来源,这也就为务工经济下的留守家庭及其隔代抚育结构提供了合理性证成③。另一方面,学校教育的现代化变迁尤其是日常教学实践过程中经常使用到的互联网和手机等现代化通信工具时,传统留守家庭就面临家校互动困境,虽然部分留守家庭家长可以在务工城市一定程度上实现家校互动,但这种基于互联网或手机的虚拟空间互动并不能有效替代实体空间家校互动模式及其功能,因此,务工父母一方选择回乡陪读本身也就成为乡村教育都市化转型过程中家庭教育"半留守化"的重要作用机制,正如 TLS 自己所言:"所以只有让他妈妈从外地回来,毕竟她能懂网络和手机,不影响孙子的学习,老师也是建议孩子的家长要尽量有一方在家陪孩子读书。"

其次,家庭结构"半留守化"的实践样态呈现多元化趋势。一方面,父亲外出务工和母亲留守已成为家庭结构"半留守化"的新常态;另一方面,留守长辈(爷爷和奶奶)也成为家庭结构"半留守化"的重要组成部分,这也是抚育模式多元化转型的重要现实基础。因此,家庭结构"半留守化"的实践样态呈现多元化趋势发展。

"我们这里留守家庭的情况比较复杂,大部分家庭都是父亲外出务工,母亲

---

① 姚嘉、张海峰、姚先国:《父母照料缺失对留守儿童教育发展影响的实证分析》,《教育发展研究》2016 年第 8 期。

② 李德洗、杨奇明、赵宝:《父母外出务工与子女高中教育机会获得——基于劳务输出大省的实证研究》,《调研世界》2016 年第 11 期。

③ 段成荣、吕利丹、王宗萍:《城市化背景下农村留守儿童的家庭教育与学校教育》,《北京大学教育评论》2014 年第 3 期。

留在家里陪同孩子读书,爷爷奶奶负责孩子的基本日常生活和接送孩子,母亲负责孩子的学习任务,当然,这样的母亲得有一定的文化水平,还有一种情况就是父亲在别的城市打工,母亲就在本地上班,也不影响和学校老师的日常互动交流,这种情况现在越来越多了,毕竟孩子上学需要的花费越来越多。"(访谈记录20161210—FXTHCLS)

从T镇中学教师CLS叙述中可发现,家庭结构"半留守化"的实践样态呈现多元化趋势,在父亲外出务工、母亲留守的情况下也越来越多出现母亲就近就地务工的情形,这本身也是家庭理性的现实选择,正如CLS所言,"毕竟孩子上学需要的花费越来越多";同时,有爷爷奶奶负责孩子的日常生活,包括上下学的接送和日常的起居。因此,家庭结构"半留守化"的实践样态呈现多元化的发展趋势本身也说明家庭教育的"半留守化"本身也是家庭生计模式和乡村教育实践都市化转型之间在家庭层面的一种权衡,父亲或母亲一方选择留守正是出于最大程度实现家校互动的目的,从而营造更好的家庭教育环境。

最后,家庭结构"半留守化"也进一步反作用于家校互动机制,引发了一种"大家访"的倒逼式改革,[1]笔者曾就此问题对Z镇中心学校L校长进行过深度访谈。

"面对越来越多家庭都是处于一种留守或半留守的状态,其实学校在家校互动方面也做过了多次尝试性改革和努力,包括现在正在开展的大家访。大家访就是要定期针对留守或半留守家庭进行走访,了解他们的学习生活情况,包括父母的工作状况,老人的生活状况和孩子在家的学习表现等方面,目的就是针对性地关怀那些留守或半留守家庭孩子,帮助他们也能健康快乐成长。这种倒逼式改革不仅对学校教育实践改革有重大帮助,也是教师教学改革的重要实践基础。因此可以说,大走访是迄今为止学校管理模式中最为成功的一次实践尝试。"(访谈记录20170228—FXZLS)

作为一名基层教育管理者和实践者,L校长认为学校针对家庭结构"半留守化"进一步反作用于家校互动机制,引发了一种"大家访"的倒逼式改革,实际上,这种"大家访"的倒逼式改革对留守或半留守家庭教育确实产生了重要的影响。一方面,可以帮助学校教育实践者和管理者更好地定期了解学生家庭教育情况;同时,学校也能通过这种定期走访完成教学管理基础数据信息的完善;另一方面,通过"大走访"式的"大家访",将学校管理者和教育实践者有机联系起来,并

---

[1] 潘璐、叶敬忠:《"大发展的孩子们":农村留守儿童的教育与成长困境》,《北京大学教育评论》2014年第3期。

通过留守或半留守家庭的定期走访实践工作完成教学模式的精准化改革和教育实践管理的精细化转型。①正如 L 校长自己所言:"这种倒逼式改革不仅对学校教育实践改革有重大帮助,也是教师教学改革的重要实践基础。因此可以说,大走访是迄今为止学校管理模式中最为成功的一次实践尝试。"

二、抚育模式多元化

抚育模式多元化是家庭结构"半留守化"作用机制的伴生产物,换言之,家庭结构"半留守化"使得传统亲子抚育模式及其转型——"隔代抚育"模式在实践中均发生了新变化②,即父亲或母亲一方留守与爷爷或奶奶形成一种新型家庭抚育模式。因此,笔者将抚育模式多元化做出如下界定:所谓家庭服务模式多元化特指在新型城镇化背景下撤点并校政策效应中形成的一种新型家庭抚育模式,其实践样态表现为半留守家庭(父亲或母亲留守)与爷爷或奶奶形成分工明确、功能细化、职责清晰的家庭教育结构。一言以蔽之,作为家庭结构"半留守化"作用机制的伴生产物,抚育模式多元化已成为撤点并校政策效应作用下乡村教育实践的一种新常态。笔者通过田野调查将"抚育模式多元化"生成机制及其作用逻辑提炼为下述维度。

第一,家庭结构"半留守化"是家庭抚育模式多元化的现实基础。一方面,父亲或母亲外出务工本身是"务工经济时代"下家庭理性的现实选择③,但家庭生计模式转型客观上也使得家庭结构出现留守化或"半留守化"转型;另一方面,撤点并校政策效应作用机制使得家庭结构的"半留守化"转型,加之父亲或母亲一方就近就地务工,也就为隔代(爷爷或奶奶)抚育提供了现实空间。因此,从家庭理性角度而言,家庭抚育模式多元化转型本身也是一种家庭理性最大化的现实选择。④

"我们家庭的情况是他爸爸在外地打工,我就回来照顾家庭,尤其是孩子的学习情况,爷爷奶奶毕竟文化水平有限,不能亲自辅导孩子的功课;所以,孩子的学习必须要有家长亲自参与,这也是学校老师开家长会时候多次强调的;但是为了增加家里的经济来源,我就在 TH 镇纺织厂上班,每天上下班,也不耽误辅导孩子学习,也能有一部分收入来源,所以,孩子的爷爷奶奶就要承担一些家庭日常琐事,比如孩子的日常起居,尤其是要放学后接孩子;虽然老人也很辛苦,但是

---

① 崔若峰:《探寻"公平优质"的现代化教育之路——2017 全国两会教育热点扫描》,《中小学管理》2017 年第 4 期。
② 李超、罗润东:《老龄化、隔代抚育与农村劳动力迁移——基于微观家庭决策视角的研究》,《经济社会体制比较》2017 年第 2 期。
③ 王静文:《走还是留:返乡农民工再次外出务工意愿的实证研究——基于成本—收益理论》,《调研世界》2017 年第 1 期。
④ 潘金生:《农村小学留守儿童家校互动式教育的有效策略》,《基础教育论坛》2016 年第 2 期。

这也是没有办法的事情，毕竟家里的收入高一些对孩子以后的学习生活和健康成长都很重要。"（访谈记录20161212—FXTHXS）

从T镇中学生母亲XS叙述中可发现，家庭结构"半留守化"是家庭抚育模式多元化的现实基础，也是家庭经济理性最大化的无奈之举，正如她自己所言："虽然老人也很辛苦，但是这也是没有办法的事情，毕竟家里的收入高一些对孩子以后的学习生活和健康成长都很重要。"

第二，家庭抚育模式多元化转型是作为集体理性的家庭应对撤点并校政策负面效应的重要策略。撤点并校政策效应产生的教学实践模式都市化转型，要求家校互动机制的有效建立，而这就对传统隔代抚育中爷爷奶奶的文化知识水平提出了较高的要求，这也是传统隔代抚育向分工明确、功能细化、职责清晰的家庭抚育模式多元化转型的现实基础。这种分工协作、功能耦合的家庭抚育模式和教育结构本身具有一定的现实合理性与实践操作性。因此，从家庭集体理性最大化角度而言，家庭抚育模式多元化转型是作为集体理性的家庭应对撤点并校政策负面效应的重要策略。

"老师要求家长要经常和学生一起完成作业，尤其是现在通过手机和电脑做作业，家长也需要及时检查孩子作业，但是他爷爷奶奶又不会这些东西，所以没办法帮助孩子一起完成作业，老师开家长会就经常和我们家长说要和孩子在家一起学习，监督孩子完成作业，所以，我就和他父亲商量回家来陪孩子读书，但是还是在附近找了一家工厂上班，爷爷奶奶就帮忙接送孩子上下学，给孩子做一些吃的，我就继续负责和孩子一起学习。所以，我们这个家庭大家都各自负责各自的事情，这叫各司其职！"（访谈记录20161212—FXTMDM）

从T镇中学生母亲MDM叙述中可发现，家庭抚育模式多元化转型是一种分工协作、功能耦合的家庭抚育模式和教育结构，具体而言，子代的教育由亲代（父亲或母亲）基于家校互动机制有效实现，且子代的日常起居由隔代（爷爷或奶奶）通过发挥余热的形式有效实现[1]，正如MDM自己所言："我就和他父亲商量回家来陪孩子读书，但是还是在附近找了一家工厂上班，爷爷奶奶就帮忙接送孩子上下学，给孩子做一些吃的，我就继续负责和孩子一起学习。所以，我们这个家庭大家都各自负责各自的事情，这叫各司其职！"因此，家庭抚育模式多元化转型是作为集体理性的家庭应对撤点并校政策负面效应的重要策略。

---

[1] 张蕙：《一种新课程的诞生：构建家校互动式儿童哲学微课程》，《上海教育科研》2014年第8期。

第四节　本章小结

本章从历史变迁的视角考察新型城镇化背景下撤点并校及其对乡村教育都市化转型的影响机制。

首先，通过对F县Z镇撤点并校的历史考察和诠释，剖析其背后的现实基础和政策动因。且不论撤点并校政策执行过程中出现的偏差，就F县的实践经验尤其是撤点并校对乡村教育转型变迁的影响而言，应当从新型城镇化进程中社会结构转型及其社会关系变迁维度考察撤点并校本身的实践逻辑和作用机制：政策基础、政策动因、政策文本、政策实践、政策效果等多元维度，而非单纯从道义或伦理高度思辨性审视撤点并校这一客观社会事实。

其次，笔者从政策基础、政策动因、政策文本、政策实践、政策效果等角度，重点阐述了撤点并校的实践逻辑，作为一种社会事实的客观现象的撤点并校在F县的实践过程中呈现出自身的特征。一方面，随着新型城镇化进程的进一步推进，乡村社会结构流动性进一步增强，"乡土中国"蜕变为"后乡土中国"，"空心化""空壳化""无主体化""空巢化"已成为后乡土中国的新常态和新样态，乡村教育实践场域的社会结构发生质的型构；另一方面，作为国家公共政策的撤点并校基于乡村教育结构转型，将优质资源集中分配并优化配置结构，换言之，作为资源配置的撤点并校本身无可厚非，且具有一定的现实合理性和政策必要性。

最后，基于Z镇撤点并校事件的诠释性分析，从学校（包括教学实践模式、学校日常管理模式、师资结构及其再生产模式）和家庭（家庭结构和抚育模式）两个角度反思性审视撤点并校对乡村教育产生的影响及其作用机制。一方面，笔者在F县Z镇的实地调查中发现，Z镇乡村学校在撤点并校政策实践过程中，同样面临师资结构失衡及其再生产困境，撤点并校政策要真正落到实处而发挥应有的政策效应，必须辅之以系列的配套改革方案，尤其在师资队伍建设方面需要得到政府和教育主管部门的高度重视，唯有如此才能从根本上解决乡村教育的核心困境；同时，乡村教育实践模式呈现都市化转型，其作用机制主要集中体现在教学实践模式、学校日常管理模式、师资结构再生产模式三个维度。另一方面，家庭结构"半留守化"是家庭抚育模式多元化的现实基础，家庭抚育模式多元化转型是作为集体理性的家庭应对撤点并校政策负面效应的重要策略，学校教学实践的都市化转型使得传统隔代抚育模式无法实现有效家庭互动，且家庭结构"半留守化"的实践样态呈现多元化趋势，家庭结构"半留守化"也进一步反作用于家校互动机制并引发一种"大家访"的倒逼式改革。

第五章 社会机制：乡村教育能动性回应

第三章和第四章分别从市场机制（人口迁移与生源挤压）和行政机制（撤点并校与都市化转型）两个维度系统阐述了新型城镇化背景下乡村教育变迁的作用机制及其实践逻辑。本章从倒逼机制（社会倒逼与能动性回应）——学校教育的"制度衔接"与家庭教育的"功能替代"两个子维度继续阐述市场机制和行政机制有机作用下社会机制如何回应以使得乡村教育变迁实现自适应转型。首先，本章将从"少年宫下乡"和"教师公寓制"两个具体制度入手，阐述变迁中的乡村学校教育制度如何实现与现代都市教育制度体系的有效衔接；其次，从"学生寄宿制"和"校园餐桌制"两个具体替代性功能切入，考察实践中乡村教育的另一重要实践主体——家庭教育如何基于市场、政府、学校等多元教育主体实现功能替代；最后，基于学校教育"制度衔接"与家庭教育"功能替代"两个子维度的系统分析提炼出乡村教育的社会倒逼机制及其能动性回应逻辑。

第一节 学校教育的制度衔接

一、少年宫下乡

少年宫教育在我国已经走过 60 余年的发展历程，在与学校教育并肩发展进程中逐渐形成了自身的制度建构[①]，少年宫教育制度起源于国家的政治、教育场域的双重建构并从规制、规范和文化认知三个方面逐步实现了制度化。《关于进一步加强和改进未成年人校外活动场所建设和管理工作的意见》指出，由各级政

[①] 王海平、康丽颖：《少年宫教育与学校教育并协发展的轨迹——中国少年宫教育变迁的新制度社会学分析》，《首都师范大学学报（社会科学版）》2015 年第 5 期。

府投资建设的专门为未成年人提供公益服务的青少年宫、少年宫、青少年学生活动中心、儿童活动中心、科技馆等场所定性为公益性事业单位,规范了实施主体的性质、功能和作用,以及各地政府要为少年宫的建设和运营承担起责任,明晰了少年宫的教育成本源自政府责任,给少年宫的公益性和规范化管理奠定了基础。

笔者在田野调查中发现,"少年宫下乡"基于衔接教育福利、整合儿童福利资源、丰富儿童福利等实践形式①,成为变迁中的乡村学校教育制度如何实现与现代都市教育制度体系的有效衔接手段之一。笔者针对"少年宫下乡"的问题对F县分管教育的X副局长进行了深度访谈。

"少年宫在乡镇的推广也是近几年我县乡村教育改革发展的重要举措,目的就是让乡下的孩子和城市里的孩子一样,德智体美劳都能得到全面的发展,让素质教育真正落到实处。以前出于场地、经费和人员的局限,没办法在乡镇中学或乡村小学大量推广、全面铺开;但是,近年来,随着乡镇教育改革的现代化趋势进一步发展,政府对乡村教育发展的支持力度进一步加大,包括人员师资、资金支持、场地提供都得到了实质性的落实,所以,2014年我们在Z中学试点建设少年宫,地点选在中学空闲教室和会议室里,利用周末时间,帮助孩子提高综合素质,少年宫辅导教师则由Z镇中小学教师义务承担。所以,总体来说,政府提倡少年宫下乡对乡村教育发展有很大的益处。县教育局下一步的工作就是要及时总结Z镇少年宫建设和发展中的有益经验并进行推广。"(访谈记录20170209—FXXRQ)

作为分管乡村教育改革工作的基层领导,X副局长认为"少年宫下乡"本身具有一定的现实意义和推广价值,一方面,通过乡镇中小学教师的义务辅导,为乡镇中小学学生提供标准化的教育实践课程,实现人文素养和课业知识同步发展;另一方面,作为政府行为的"少年宫下乡"对乡镇中小学本身建设发展也有积极意义,通过场地建设和基础设施完善,也进一步缩小了城乡教育差异。

笔者以X副局长提及的Z镇少年宫开展的具体工作为例,阐述作为政府行为的"少年宫下乡"如何与乡村教育体系相衔接。

---

① 韩克庆、武文青:《中国少年宫的变迁与儿童福利的实现——以M市少年宫为例》,《东岳论丛》2012年第7期。

Z镇中心学校2017年少年宫绿色网吧暑期活动计划

一、组织形式：

1. 在3～6年级中挑选具有一定计算机基础并对计算机兴趣比较浓厚的学生。

2. 人数10～20人之间。

二、活动时间及地点：

时间：星期二、星期三、星期六、星期日上午8:00—10:00。

地点：综合楼微机教室。

三、活动内容：

1. 打字训练。进行键盘指法练习，学会使用记事本，用金山打字软件练习英文打字，用金山打字软件练习中文打字。

2. 电脑绘画。认识画图软件，做好画图准备，会使用橡皮工具、曲线工具、多边形工具、上色工具等对图形进行编辑处理，会使用文字工具在图画中输入文字。

3. 文明上网。学会使用正确的方式打开网页，能根据需要自行上网查阅所需资料，收藏1～3个读书网站，能够自主上网阅读。

4. Word软件简单操作应用。

指导教师：×××　×××
2017-6-23

Z镇中心学校2016年暑期少年宫音乐室活动方案

一、活动主题：

吹出心中的梦想。

二、工作原则：

1. 教育为主、安全第一；

2. 面向全体、突出重点；

3. 认真策划、注重实效；

4. 注意差异，分层要求。

三、学习内容：

葫芦丝演奏。

四、活动时间：

每周星期二、星期三、星期六、星期日上午8:00—10:00。

指导教师：×××　×××
2016-6-23

从上述《Z镇中心学校2017年少年宫绿色网吧暑期活动计划》和《Z镇中心学校2016年暑期少年宫音乐室活动方案》可以看出,作为政府行为的"少年宫下乡"实践与乡村教育体系部分程度实现了有效衔接。

第一,少年宫教育课程结构逐渐趋于乡土化与现代化的有机融合。一方面,少年宫教育课程结构是指少年宫教育课程内部各要素、各成分、各部分之间合乎规律的组织形式和常规模式;同时,作为青少年社会福利体系的重要实践机制,乡村学校少年宫作为一种新型农村小学校本课程开发模式在实践中逐渐显示出其生命活力。[1]

第二,少年宫教育功能逐渐与学校教育、家庭教育相互耦合。《关于进一步加强和改进未成年人校外活动场所建设和管理工作的意见》(以下简称《工作意见》)指出,由各级政府投资建设的专门为未成年人提供公益服务的青少年宫、少年宫、青少年学生活动中心、儿童活动中心、科技馆等场所定性为公益性事业单位,规范了实施主体的性质、功能和作用,以及各地政府要为少年宫的建设和运营承担起责任;同时,《工作意见》明晰了少年宫的教育成本源自政府责任,给少年宫的公益性和规范化管理奠定了基础。因此,少年宫应该重新明晰自身的定位,深化青少年公共服务职能,从供给侧和用户思维去解决服务产品、服务能力和服务供给,能够真正成为中国特色的民生基础服务项目。

当然,作为国家行为的"少年宫下乡"仍然面临诸多困境,如生源挤压下的"无人可学"和教师紧缺下的"无人可教"同时存在。但这些现实困境本身并未从政策层面否定"少年宫下乡"的合理性。因此,作为学校教育制度衔接的重要维度之一,"少年宫下乡"是社会倒逼机制下乡村教育能动性回应的重要机制。

二、教师公寓制

笔者曾在第三章有关"生源挤压"发生机制及其社会影响中提及乡村青年教师流失问题,且国家给予乡村青年教师的相关制度支持和政策激励并未有效缓解生源挤压造成的部分乡村青年教师流失问题。有学者研究也指出,影响乡村教师流动及流失意愿的因素按重要性排序依次是子女上学及家庭生活、工资待遇与工作负担、学校位置及交通、住房条件、学校管理与教学风气、社会氛围与工作环境。[2] 换言之,良好的居住环境已经成为制约乡村教师尤其是青年教师安身立命、安居乐业的重要因素和现实困境,因此,为青年教师提供周

---

[1] 张昱瑾:《少年宫教育课程结构建设:内涵、问题与构想》,《全球教育展望》2016年第7期。
[2] 王艳玲、李慧勤:《乡村教师流动及流失意愿的实证分析——基于云南省的调查》,《华东师范大学学报(教育科学版)》2017年第3期。

转住房成为新时期乡村教师队伍建设的重要措施。[①] 笔者在田野调查中发现,教师公寓制成为新型城镇化背景下乡村教育能动性回应的重要机制,也是学校教育制度衔接的理性行动。此处以《Z镇中心学校青年教师公共租赁住房管理办法》为文本,具体阐述作为一种学校教育制度衔接的教师公寓实施机制。

Z镇中心学校青年教师公共租赁住房管理办法

第一章 总则

第一条 青年教师公共租赁住房(以下简称"青教公租房")是解决青年教师阶段性住房困难的租赁性住房,也是学校调度房源、提供给住房困难青年教师租住的临时周转过渡用房,产权归学校所有,只租不售,不得变相进行实物分房、上市交易、分割登记、分户转让。

第二条 Z镇中心学校新建青教公租房总建筑面积为2 000平方米。住房户型包括建筑面积55平方米和65平方米两种。

第三条 学校青教公租房的租赁遵循公开、公平与公正的原则。

第二章 组织机构

第四条 学校成立以下组织机构保障青教公租房工作的顺利开展。

(一)青年教师公共租赁住房入住领导小组主要职责:

1. 研究和审核我校青年教师公共租赁住房的各项工作;
2. 审核我校青年教师公共租赁住房管理办法等文件;
3. 监督检查我校青年教师公共租赁住房的各项工作。

(二)青年教师公共租赁住房入住工作小组主要职责:

1. 组织实施我校青年教师公共租赁住房的具体工作;
2. 制定我校青年教师公共租赁住房的管理办法等相关文件;
3. 审核我校青年教师公共租赁住房申请人员的资格;
4. 完成我校青年教师公共租赁住房的租赁工作。

第三章 申请条件

第五条 入住资格及条件

(一)本校青年教职工,大中专院校毕业不满5年,学校在岗在编的事业编或雇员制人员,且学校没有周转住房或退出已有学校周转住房的人员。

(二)夫妻双方都符合申请条件的,只能以一方申请。

[①] 庞丽娟、金志峰、杨小敏:《新时期乡村教师队伍建设政策研究》,《中国行政管理》2017年第5期。

第四章　申请和核准

第六条　符合条件的青年教职工申请青教公租房,应提供下列材料:

(一) 租赁青教公租房申请表;

(二) 申请人和共同租赁家庭成员的身份证复印件(原件备查);

(三) 申请人最高学历学位证书复印件(原件备查);

(四) 与学校签订的聘用合同复印件(原件备查);

(五) 婚姻状况证明材料复印件(原件备查);

(六) 学校规定的其他材料。

第五章　实施流程

第七条　工作程序

(一) 公布房源;

(二) 符合申请条件的个人向所在部门提交书面申请和相关材料,各部门审核后,统一向工作小组报送;

(三) 工作小组应当自收到申请材料之日起15个工作日内提出审核意见;

(四) 经审核符合条件的,由工作小组予以公示。经公示无异议或异议不成立的,由工作小组予以登记,向学校公布登记结果,并通知各部门及本人。经审核不符合规定条件的,由工作小组通知各部门及本人,并说明理由。

从上述《Z镇中心学校青年教师公共租赁住房管理办法》具体实施细则可以看出,作为政府行为的"教师公寓制"实践与乡村教育体系部分程度实现了有效衔接,且在发展乡村教育的关键问题——"提升教师社会福利待遇和福利水平"方面起到了至关重要的作用。[①] 同时,为进一步从决策者和管理者角度理解作为制度衔接的教师公寓制,笔者曾多次就此问题对F县分管教育的X副局长进行了深度访谈。

"我们县教育局也十分重视乡村教师尤其是青年教师住房问题,多次召开相关领导班子会议,讨论具体事宜,出台了《关于进一步加强全县教师队伍建设的意见》《F县人民政府办公室关于印发F县乡村教师支持计划实施办法(2017—2020年)的通知》一系列相关文件,也得到了县政府和上一级教育部门领导的高度重视,《Z镇中心学校青年教师公共租赁住房管理办法》是在Z镇政府和Z镇中心学校多方协调下开展的一次教师公寓制度改革试点,希望能为全县其他乡镇学习提供有益借鉴。我个人多次到乡镇学校调研中发现,加强乡镇青年教师的住房改革,确实是一项十分急迫且必不可少的教育改革配套措施,只

[①] 范先佐:《乡村教育发展的根本问题》,《华中师范大学学报(人文社会科学版)》2015年第5期。

有安居才能乐业,国家出台的相关教育改革措施,在得不到其他系统性配套改革方案的支持下是无法取得应有的政策效果的。"(访谈记录 20170212—FXXRQ)

作为分管乡村教育改革工作的基层领导,X 副局长认为"教师公寓制"本身具有一定的现实意义,在解决乡镇学校尤其是乡村学校青年教师流失问题方面起到了至关重要的作用。一方面,国家教育改革尤其是对乡村教育制度扶持性、倾斜性改革,需要有青年教师对乡村教育事业的无私奉献,但同时应该看到,乡村青年教师流失已成为一种新常态,不仅因为物质待遇和福利水平存在明显的城乡差异,而且在社会流动、职业晋升、精神生活等方面均存在不同程度的制约因素和现实困境,换言之,提高农村教师的物质待遇,丰富教师的精神生活,打通农村教师向上流动的通道就不得不成为一种配套性改革措施①,正如 X 副局长自己所言,"加强乡镇青年教师的住房改革,确实是一项十分急迫且必不可少的教育改革配套措施,只有安居才能乐业,国家出台的相关教育改革措施,在得不到其他系统性配套改革方案的支持下是无法取得应有的政策效果的"。另一方面,《乡村教师支持计划(2015—2020 年)》指出,乡村教师工资水平低,不同程度存在住房公积金和医疗保险的缴纳等问题,职称评定的种种限制也让大批默默奉献的乡村教师失去晋升资格②,换言之,回归乡土的乡村教师发展必须重视乡村教师的物质保障,尤其需要将青年教师从乡村教育事业的"边缘人"培养为乡土文化的"传承者"。③ 因此,教师公寓制度成为新型城镇化背景下乡村教育能动性回应的重要机制,也是学校教育制度衔接的理性行动。

第二节 家庭教育的功能替代

一、学生寄宿制

作为家庭教育功能替代的首要机制,学生寄宿制已成为新型城镇化背景下

---

① 刘敏、石亚兵:《乡村教师流失的动力机制分析与乡土情怀教师的培养——基于"80 后""特岗教师"生活史的研究》,《当代教育科学》2016 年第 6 期。
② 李瑾瑜:《支持乡村教师需要树立新立场》,《教育发展研究》2015 年第 10 期。
③ 汪明帅、郑秋香:《从"边缘人"走向"传承者"——回归乡土的乡村教师发展研究》,《教育发展研究》2016 年第 8 期。

乡村教育能动性应对的新样态,在应对撤点并校政策负面效应中具有不可替代的作用。有研究指出,寄宿制小学生的时间价值感和效能感与学业成绩具有一定的正相关性,且自我调节学习动机水平在时间管理倾向和学业成绩之间起到部分中介作用[1];换言之,虽然也有学者的研究指出,部分中西部地区的寄宿制学校在经费投入、办学条件和办学质量等方面存在不同程度的问题[2],甚至部分农村寄宿学校存在校园霸凌现象[3],但是,笔者的田野调查发现,作为家庭教育功能替代的重要机制,学生寄宿制具有一定的社会现实基础,因此,学生寄宿制已成为新型城镇化背景下乡村教育能动性应对的新样态,在应对撤点并校政策负面效应中具有不可替代的作用。

此处笔者以《Z镇中心学校公寓管理规定》《Z镇中心学校公寓安全管理条例》《Z镇中心学校学生公寓学生日常行为规范》等文本为基础,具体阐述作为一种家庭教育功能替代的"学生寄宿制"之实施机制。

Z镇中心学校公寓管理规定

为维护学生公寓正常生活秩序,保持公寓环境协调与和谐,创建整洁、安全、卫生的生活环境,特制定本规定:

1. 学生应自觉遵守作息制度,做到按时起床,按时午睡,按时就寝。

2. 建立正常的同学关系,提倡文明用语,礼貌待人,不讲粗话、脏话,同学之间友好相处,宽容待人。

3. 服从生活老师管理,动作迅速,自行整理内务,做好卫生值日,使用的物品按统一要求摆放整齐。

4. 养成良好的生活习惯,每天起床和睡前刷牙洗脸,每天洗澡或洗脚。

5. 注意仪容仪表,在校穿校服,保持服装整洁,勤洗勤换衣服,每天洗净换下的小衣物,自己整理衣柜抽屉。

6. 严禁带零食、手机、随身听等物品及较大钱款到公寓。

7. 爱护公共设施,不得故意损坏公物及他人物品,如有损坏照价赔偿。

8. 注意人身安全,严禁串宿舍、在宿舍内哄闹,不做危险活动,不随便使用电器,预防意外事故发生。

9. 节约水电、讲究卫生、树立公德意识,严禁随地吐痰、乱扔纸屑和杂物、在

---

[1] 李红霞、林雪、林静、司继伟:《寄宿制小学生时间管理倾向与学业成绩的关系:自我调节学习的中介作用》,《心理研究》2015年第6期。

[2] 李钰、白亮:《西北农村地区寄宿制学校问题研究——基于甘肃省S县的调查与分析》,《学术探索》2017年第9期。

[3] 陆伟、宋映泉、梁净:《农村寄宿制学校中的校园霸凌研究》,《北京师范大学学报(社会科学版)》2017年第5期。

室内乱涂乱画。

10. 增强自我保护意识,不得私自离开学校。发现不安全事情,及时报告,遇到危险情况,保持冷静,及时报告或报警。

Z镇中心学校公寓安全管理条例

(一)就餐安全

1. 相关老师负责各班学生摆放餐具,组织学生排队进餐厅。

2. 进餐前组织学生洗手,按年级、班级到规定窗口有秩序地打饭,在排队打饭过程中发现学生有哄闹现象时,老师应立即制止并当面教育。

3. 学生打完饭后,应双手端餐盘到指定的班级餐桌就餐,如有打翻餐盘的现象,立即报告老师,由老师协助清理,以防其他学生踩到滑倒。

4. 相关老师负责维持进餐纪律,检查进餐人数,教育学生进餐时不大声讲话。

5. 相关老师负责给学生打汤添饭,在打汤添饭的过程中要谨慎操作,以防汤桶碰翻,碰伤或烫伤学生。

6. 培养学生良好的饮食习惯,教育学生不挑食、不浪费。对一些特殊体质的学生,老师要提醒不能进食的食物。

7. 学生在进食过程中发现被食物卡住或噎住,老师应立即上前关心,对情况较严重者应及时送医务室就诊。

8. 学生在就餐过程中,发现食物有异味应及时报告老师,由老师报告餐厅,杜绝进食不洁食物。

9. 学生吃完饭后有序地倒餐盘,把餐盘轻轻、整齐地放在餐桶里,并把餐巾纸、牛奶袋放在纸篓里,然后组织有序地离开餐厅。

(二)就寝安全

1. 相关老师负责学生的午休和就寝,培养学生良好的起居习惯,保证学生按时作息。

2. 老师每天要检查所管理寝室的水电设施,发现异常情况立即报修。

3. 生活区学生不允许带各种危险物品,例如:火柴、尖刀、尖锐的工具、小电器等,老师一旦发现立即没收,进行教育。

4. 老师每天早晨必须做到开窗通风,保持寝室整洁、卫生、无异味。

5. 老师发现学生生病,要及时送医院治疗,发现有传染病的学生应立刻采取相应方式隔离,根据病情及时与家长联系。

6. 对出现传染病源的房间,老师需要采用相关方式消毒1周,每天40分钟。消毒时应关闭门窗,不得让学生进入。

7. 不允许串宿舍,不得在寝室内哄闹。一旦出现打闹现象,相关老师要及时进行处理。

8. 学生在公寓时,相关老师必须在楼层进行巡视。

9. 晚上在学生就寝前,相关老师必须检查学生寝室的门窗和窗帘是否关好、学生的物品摆放是否整齐,保证学生就寝时一切就绪。

10. 晚上学生安静入睡后,相关老师在关好楼层门后方可与夜班老师交接,交接应确保学生人数、学生身体情况的详细记录。

11. 夜班老师根据交班,到楼层清点人数,叫醒晚上会尿床的学生起床小便。

12. 夜班老师发现学生身体不适时,应及时送医疗点就诊。

13. 学生夜间如有情况,按响楼层报警器,夜班老师根据报警楼层及时到相应楼层去处理情况。

14. 夜班老师一旦发现特别情况,应及时报告公寓主管和总值班人。

(三)洗澡安全

1. 相关老师组织学生洗澡,在每次洗澡前,调试水温,以免烫伤学生。

2. 学生在浴室洗澡时应听从老师的管理,不得在浴室内推搡打闹,保持文明礼貌、互相谦让的风格。

3. 学生洗澡时,老师必须在浴室内指导和看护学生。

Z镇中心学校学生公寓学生日常行为规范

1. 早晨老师叫醒学生后,学生必须马上起床,根据天气变化,在老师的指导下增减衣服,起床25分钟内有秩序地刷牙、洗脸、整理床铺,并把毛巾、牙杯等个人物品摆放整齐,三年级以上的学生在老师的指导下,每人做好一项简单的内务,如拉窗帘开窗、扫地、拖地、倒垃圾、抹台面,在老师吹响集合铃声后,必须马上到寝室门口换鞋,整队集合。

2. 学生每天早晨要穿戴整齐,精神饱满,听从老师的要求,认真参加早锻炼的各项体育活动。

3. 学生整队后进餐厅,先洗手,然后有序地按规定的路线行走,不许奔跑,不得大声说话,领到餐盘后,按班级规定的座位坐好后就餐,就餐时应保持安静,仔细认真地吃完餐盘里的食物,不得挑食,并保持桌面和地面的干净,需添汤添饭的同学应举手报告老师,不得自己离位去添食物。

4. 早饭后整队回班,午饭后整队回宿舍,队伍保持安静,静静走路,轻轻说话,上下楼梯靠右走。

5. 学生进宿舍必须换拖鞋,并把换下的鞋子摆放整齐,学生进宿舍后不得哄闹,中午按时午休,没有教学老师的假条,不得在校园里做其他事情,必须回到公寓午休。

6. 夏季学生必须每天洗澡,更换衣服,春秋季1周2次洗澡,冬季1周1~2次洗澡,做到每天洗漱,每天必换短裤和袜子,三年级以上的学生在老师的指导下必须学会自己洗短裤和袜子。

7. 学生在浴室洗澡时应听从老师的管理,不得在浴室内推搡打闹,保持文明礼貌、互相谦让的风格。

8. 学生晚自习回到宿舍后,半小时内应迅速做好个人洗漱,整齐摆放好个人物品,做好宿舍内简单的清洁工作,换好睡衣睡裤就寝,并把换下的衣服整齐地放在抽屉里,熄灯后不再讲话。

从上述《Z镇中心学校公寓管理规定》《Z镇中心学校公寓安全管理条例》《Z镇中心学校学生公寓学生日常行为规范》等文本中可以看出,作为家庭教育功能替代的首要机制,学生寄宿制已成为新型城镇化背景下乡村教育能动性应对的新样态,在应对撤点并校政策负面效应中具有不可替代的作用,笔者将学生寄宿制度的作用机制概括为下述三个维度。

第一,学生寄宿制通过构建新型家校互动机制实现部分家庭教育功能替代。一方面,家校互动缺失、隔代抚育等现实困境是新型城镇化背景下乡村教育面临的重要现实困境,也是撤点并校政策效应负面机制的社会基础[1];另一方面,通过乡村学生寄宿制学校内涵式发展的功能再造部分程度的寄宿生活实现家庭教育功能学校化[2];因此,实践证明,学生寄宿制通过构建新型家校互动机制实现部分家庭教育功能替代。

第二,学生寄宿制通过优化教育资源配置机制有效缓解了撤点并校负面政策效应机制。一方面,撤点并校通过集中办学资源和优质师资并基于集中化教学模式化解新型城镇化背景下乡村教育面临的现实困境[3];但与此同时,撤点并校政策本身产生的负面效应,如增加了农村学校学生上学难度,不利于农村学生就近入学等基本原则;另一方面,学生寄宿制通过优化教育资源配置机制,如对农村偏远学生进行必要的住宿政策倾斜和资金扶持等,使其获得优质教育资源的同时也不因通勤问题产生负面影响[4]。因此,学生寄宿制通过优化教育资源配置机制可有效缓解撤点并校负面政策效应机制。

第三,学生寄宿制通过建设现代学校制度部分消解和弥合家庭教育功能的缺位困境。一方面,《Z镇中心学校公寓管理规定》《Z镇中心学校公寓安全管理条例》《Z镇中心学校学生公寓学生日常行为规范》等现代学校日常管理体系和管理制度不仅有利于寄宿学生获得良好的行为约束和规范养成,也有利于学生

---

[1] 张燕:《后撤点并校时代农村寄宿制学校发展研究》,《教学与管理(理论版)》2017年第6期。
[2] 贺武华:《农村寄宿制学校办学发展的价值重构与功能再造》,《浙江社会科学》2015年第3期。
[3] 李皓:《"撤点并校"背景下农村寄宿制学校的现状调查及思考——以云南省昆明市为例》,《城乡社会观察》2015年第1期。
[4] 郭清扬:《义务教育均衡发展与农村寄宿制学校建设》,《教育与经济》2014年第4期。

通过良好的行为约束和规范养成在一定程度上解决隔代抚育、家庭教育缺失等现实问题;另一方面,基于现代学校日常管理体系和管理制度,辅之以教师公寓制度进而重构与改进师资队伍、拓展家校合作形成教育合力并丰富拓展学校的教育时空,从而有效缓解新型城镇化背景下乡村教育面临的一系列重要现实困境[①],如家校互动缺失、隔代抚育等。

二、校园餐桌制

如果说学生寄宿制基于重建家校互动机制、优化教育资源配置机制和建立现代学校制度等一系列系统性体制机制实现家庭教育功能替代的话,那么,校园餐桌制则是通过引入现代市场理念和社会运作机制有效缓解撤点并校政策实践负面效应的另一重要实践机制,换言之,作为家庭教育功能替代的另一重要实践机制,校园餐桌制已成为新型城镇化背景下乡村教育能动性应对的新样态,在应对撤点并校政策负面效应中具有不可替代的作用。《学校卫生工作条例》明确指出,要监测学生健康状况,学校卫生工作的主要任务是对学生进行健康教育,培养学生良好的卫生习惯,改善学校卫生环境和教学卫生条件,因此,健康校园餐桌、文明就餐行为和习惯的养成本身也是新型城镇化背景下社会转型倒逼机制下乡村学校教育能动性回应的重要机制之一。有研究指出,食品安全是学校卫生理论体系建设的重要组成部分,也是学校卫生实践的需要。[②]

此处笔者以《Z镇中心学校学生午餐管理制度》文本为基础,具体阐述作为一种家庭教育功能替代的校园餐桌制之实施机制。

Z镇中心学校学生午餐管理制度

一、午餐时间。由于学校学生食堂无法一次性容纳全校学生用餐,所以学校决定学生午餐分两批进行。第一批为六年级和九年级,用餐时间11:25。第二批为七年级和八年级,用餐时间分别为11:40、11:43。三个就餐时间都有铃声。

二、餐前要求。(1)行进路线:六年级由教室→明德楼东楼梯→诚意楼二楼天桥→学生餐厅;七年级由教室→厚学楼东楼梯→同和楼三楼天桥→学生餐厅;八年级由教室→仁义楼东楼梯→学生餐厅;九年级由教室→理智楼西楼梯→地面→信义楼西楼梯→学生餐厅。(2)整队:各年级学生听到指定就餐铃声,在教室外走廊排队,做到快、静、齐。各班在班长或体育委员带领下,按规定路线有秩序地前往餐厅。学生进入餐厅文明有序,讲秩序,不拥挤,不追逐打闹,不起哄。

---

① 贺武华:《农村寄宿制学校办学发展的价值重构与功能再造》,《浙江社会科学》2015年第3期。
② 陶芳标:《厘清学校卫生职能 深化学校卫生服务》,《中国学校卫生》2015年第1期。

(3)餐前:要养成饭前洗手的习惯。每位学生有指定的座位,不随意调换。(4)领取客饭:第一批就餐学生的客饭由食堂工作人员预先排放在学生餐桌上。第二批就餐学生,进入餐厅后,排队有序至三个窗口领取客饭,找到自己固定座位就座。

三、就餐要求。(1)文明就餐,不能边吃边讲话,不嬉戏打闹。(2)养成健康的饮食习惯,不偏食,不挑食。节俭就餐,杜绝浪费。(3)保持桌面干净,离开前清理掉在桌面上的饭菜,自己的桌面自己清。(4)餐桌每桌4人,实行小组长负责制,小组长负责管理本餐桌就餐纪律、桌面清洁和桌椅翻起,若有问题无法处理,可报告值班老师或班主任。(5)严格遵守餐厅管理规定,服从值班教师的管理和调度。

四、学生餐后要求。(1)用餐完毕,及时离开餐厅,不得在餐厅逗留,严禁在餐厅内追打嬉闹,保持餐厅安静。(2)离开时,剩饭、剩菜倒在食堂收泔水的桶里,餐具整齐摆放在指定位置。爱护餐厅卫生,行走时,双手持平餐具,不致汤水溢出。(3)不经值班老师同意,严禁将饭菜带出餐厅。如有特殊情况需将客饭带出餐厅,班主任应提前向值班老师说明情况。

五、管理和考核。(1)班主任做好《Z镇中心学校学生午餐管理制度》的宣传、落实工作。具体划分就餐小组,设立组长,明确每个人的职责。(2)班主任在开学第一周,要带本班排队进入餐厅,学生就餐时全程监控。指导学生遵守学校规定的餐前、就餐、餐后各项要求。养成良好的就餐习惯。(3)上午第四节课的任课教师要按要求时间准时下课,方便学生按时就餐,任何人都不得留学生。(4)班主任外出或其他原因,要委托同组老师协助做好班级就餐管理。(5)上体育课的班级由体育委员带队,按规定时间进入餐厅。(6)值班行政领导和餐厅管理教师对各班学生进行餐前、就餐、餐后检查,检查结果纳入班级考核。政教处对学生就餐情况、存在问题,及时反馈,集中的问题利用升旗仪式或班队会广播反馈。

从上述《Z镇中心学校学生午餐管理制度》文本中可以看出,健康校园餐桌、文明就餐行为和习惯的养成本身也是新型城镇化背景下社会转型倒逼机制下乡村学校教育能动性回应的重要机制之一。一言以蔽之,校园餐桌制已成为新型城镇化背景下乡村教育能动性应对的新样态,因此,笔者将校园餐桌制的作用机制概括为下述三个维度。

第一,引入现代卫生组织网络管理体系实现学校就餐管理和就餐行为规范化和文明化。[①] 一方面通过就餐时间、餐前要求、就餐要求、餐后要求以及整个

---

① 张燕、胡小琪、潘慧等:《改善学校厨房设备对贫困农村小学生在校就餐的影响》,《中国学校卫生》2014年第5期。

就餐行为管理等环节规范化;同时,校园餐桌管理模式也使每个学生做到"按时就餐,有序就餐,安静就餐,节约就餐,卫生就餐",从而逐步养成文明就餐习惯;另一方面,将学生午餐管理制度作为学校日常管理活动的重要组成部分,通过班主任考核体系改革将其落到实处,换言之,现代卫生组织网络管理体系已成为配合学生寄宿制改革成为家庭教育功能的重要替代机制。因此,引入现代卫生组织网络管理体系实现学校就餐管理和就餐行为规范化和文明化。

第二,引入市场化改革理念和竞争意识提升学校餐饮服务的品质和质量。一方面,通过市场化改革理念提升餐饮服务品质,进一步落实《中华人民共和国食品安全法》《餐饮服务许可管理办法》《卫生行政许可管理办法》等相关法律法规[1];同时,通过学校日常管理模式改革机制如学生寄宿制等配套性措施将部分家庭功能学校化,并严格落实学校食堂"收支两条线"管理,规范学校食堂结余资金使用范围,委托第三方每季度开展一次财务内部审计,合理控制食品价格,切实减轻学生和家长负担;另一方面,引入竞争机制,积极发挥专业机构作用,完善日常监测机制等一系列配套体制机制从而提升学校餐饮服务的品质和质量。因此,实践证明,引入市场化改革理念和竞争意识能有效提升学校餐饮服务质量。

第三,强化巡查监督机制,保障校园餐桌制的有效落实。一方面,学校内部建立健全食堂安全生产日常巡查机制,对于发现的问题隐患要建立销号制度,跟踪问题隐患,整改落实;同时,严格落实食品安全生产责任制,对发现问题隐患整改不力的,要及时向教育主管部门提出追责意见;另一方面,各县市区教育部门、各直属学校要按照"属地管理"的原则,层层签订责任书,建立对学校食堂日常监督、对工作人员业务培训常态机制,且市县两级校园安全指导服务机构是学校食堂安全生产日常巡查机构,要继续坚持食堂安全巡查通报制度,要发挥教育惠民中心市县校三级联动平台作用。

第三节　倒逼机制的运作逻辑

一、乡村教育能动性回应动力体系

笔者曾在第三章和第四章中分别从市场机制下人口迁移与生源挤压和行政机制下撤点并校与都市化转型两个维度,系统阐述了新型城镇化背景下乡村教

---

[1] 潘慧、张倩、唐振闯等:《农村学生营养改善计划地区学生就餐满意度》,《中国学校卫生》2015年第5期。

育变迁的作用机制及其实践逻辑,就动力机制角度而言,新型城镇化背景下乡村教育转型与变迁有其自身动力体系,换言之,在社会倒逼机制作用下,乡村教育能动性回应遵循自身特殊的运作逻辑。此处笔者将从市场、政府、学校、家庭等维度系统考察乡村教育的社会倒逼机制及其能动性回应逻辑的动力体系。

首先,市场机制下人口迁移与生源挤压使得撤点并校实践具备了必要的政策基础和现实合理性。① 随着新型城镇化进程的进一步加速,举家迁徙已成为人口流动的一种新常态,人口流动对乡村学校教育也产生了不同程度的影响,且不同类型的学校教育的变迁样态和作用机制呈现出明显的差异化特征,从而使中国义务教育的"城、郊、乡"三元结构初步成型②;同时,作为新型城镇化背景下家庭教育模式转型及其功能变迁的另一主要利益相关主体,乡村学校教育在人口急剧流动和快速变迁之流动的现代性结构下不可避免将受到冲击,从而导致新型城镇化背景下乡村教育生态危机。③ 笔者针对市场机制的相关问题对F县分管教育的X副局长进行了多次深度访谈。

"市场的冲击对乡村教育的影响最明显也最直接,人口大量外迁不仅使得学校生源面临危机也导致家校互动无法正常开展,进而产生一系列学校日常教学管理的相关问题,这是城镇化发展对乡村教育冲击最为明显的地方,而首当其冲的就是乡村教育生源危机的问题。当然,还包括其他的一系列衍生的问题,比如学校教师管理和师资力量的配置等,所以,我认为市场的冲击是整个乡村教育困境问题的罪魁祸首之一,这也是国家出台撤点并校政策的现实考虑,从这一点来说,撤点并校的出发点是好的,这也是我多次和你谈到撤点并校时为什么我都持一种肯定的态度。"(访谈记录20170209—FXXRQ)

作为分管乡村教育改革工作的基层领导,X副局长认为,市场机制下人口迁移与生源挤压使得撤点并校实践具备了必要的政策基础和现实合理性。一方面,新型城镇化背景下市场机制对乡村教育变迁的另一个实践样态是生源挤压,即优质生源向上流动使得乡村教育面临生源危机,即随着新型城镇化进程的进一步加速,村庄流动性增强使得人口迁徙的同时也引发家庭教育实践场所的外迁地导向,换言之,随迁受教育成为大部分流动人口举家迁徙的现实选择和集体行动;因此,这就导致好的生源逐层向上一级地区流动,如乡镇向县城流动、县城向市区流动,从而使得传统乡村教育面临生源危机,既包括生源数量逐年减少的

---

① 赵亮:《后撤点并校时代:重振农村小规模学校》,《中国教育学刊》2015年第12期。
② 邵泽斌:《流动的教育权:论我国城乡义务教育的"三元统筹"》,《社会科学战线》2014年第8期。
③ 聂清德、董泽芳:《一个值得高度关注的问题:城镇化背景下乡村教育生态危机》,《教育研究与实验》2015年第5期。

危机,也包括生源质量普遍下降的危机;另一方面,作为新型城镇化背景下乡村教育的重要变迁样态,举家迁徙引发随迁子女教育"脱域"化转型并进一步导致乡村教育实践场域里出现生源挤压现象,而这种个体理性引发的非预期性后果也对学校教育实践产生了一系列影响,正如 X 副局长自己所言:"我认为市场的冲击是整个乡村教育困境问题的罪魁祸首之一,这也是国家出台撤点并校政策的现实考虑,从这一点来说,撤点并校的出发点是好的,这也是我多次和你谈到撤点并校时为什么我都持一种肯定的态度。"

其次,行政机制下"后撤点并校时代"乡村教育的都市化转型是其能动性回应的社会基础和乡村教育制度变迁的现实诱因。一方面,作为一种社会事实的客观现象的撤点并校的实践过程中呈现出自身的特征,即随着新型城镇化进程的进一步推进,乡村社会结构流动性进一步增强,"乡土中国"蜕变为"后乡土中国","空心化""空壳化""无主体化""空巢化"已成为后乡土中国的新常态和新样态[1],乡村教育实践场域的社会结构发生质的型构[2];另一方面,作为国家公共政策的撤点并校基于乡村教育结构转型,将优质资源集中分配并优化配置结构,换言之,作为资源配置的撤点并校本身无可厚非,且具有一定的现实合理性和政策必要性。笔者就此问题对 F 县 Z 镇中心学校 L 校长进行了多次深度访谈。

"我个人认为撤点并校最直接的原因正是乡村教育过程中出现的生源流失问题,乡村在蜕变并且出现了空心化的问题,乡村学校教育出现了无人可教、无人能教的问题,一个最直接也是最重要的原因就是农村小学的学生越来越少,包括中学生在内,10 多年来 Z 镇乡村小学生源越来越少,这也是无可奈何的问题,不仅导致大量的教学设施无法正常使用,也使得国家政策不可能再向乡村小学倾斜,因为没有生源就没有投资的必要。所以,撤点并校虽然在执行过程中出现了或多或少的问题,但它的政策宗旨是好的,出发点是为学生考虑的,也是国家政策支持乡村教育的重要形式,乡村教育变迁和转型的逻辑出发点也正是在撤点并校的过程中才能找到,而它出现的城乡一体化正是一个重要的趋势。"(访谈记录 20170212—FXZLS)

正如 L 校长自己所言:"撤点并校虽然在执行过程中出现了或多或少的问题,但它的政策宗旨是好的,出发点是为学生考虑的,也是国家政策支持乡村教育的重要形式,乡村教育变迁和转型的逻辑出发点也正是在撤点并校的过程中才能找到,而它出现的城乡一体化正是一个重要的趋势。"

---

[1] 陆益龙:《后乡土中国》,商务印书馆,2017,第 14 页。
[2] 徐继存、高盼望:《新式教育的乡村疏离》,《教育研究与实验》2016 年第 1 期。

最后，学校教育制度衔接与家庭教育功能替代是社会倒逼机制下乡村教育能动性回应的主要实践机制。一方面，行政机制下"后撤点并校时代"乡村教育的都市化转型是其能动性回应的社会基础，乡村教育制度变迁主要通过学校教育制度的功能衔接实现，具体包括作为国家行为的"少年宫下乡"以及作为一种政府行动的"教师公寓制"；另一方面，作为"后撤点并校时代"乡村教育的都市化转型的另一重要实践样态[①]，家庭教育功能替代则主要通过"学生寄宿制"和"校园餐桌制"两种社会机制实现。笔者针对市场机制的相关问题对 F 县分管教育的 X 副局长进行了多次深度访谈。

"城乡教育一体化发展和融合式发展，不仅仅是城市教育资源对乡村教育资源的反哺，更重要的是在制度层面进行现代化建设，或者说建立现代乡村教育制度是城乡教育一体化发展和融合式发展的本质要求和内在属性；这就不仅要求乡村学校根据自身实际需求建立健全现代学校教育管理体制机制，还要通过乡村教育主管部门的政策扶持和制度支持帮助乡村学校在实现城乡一体化发展的过程中更好地实现现代化变迁。而我个人的体会是学校教育制度的衔接和家庭功能的外化是目前 F 县乡村教育转型的两大重要维度和方向，这不仅是市场机制的冲击所造成的现实状况，也是社会内部需求和乡村自身转型发展的必然结果。因此，我认为，乡村教育的都市化、现代化转型和变迁是一个系统性工程，不仅有物质层面的改善，也需要有制度层面的建立，这也是为什么我本人一直认为发展和繁荣中国乡村教育是实现乡村现代化和乡村振兴的重要路径。"（访谈记录 20170209—FXXRQ）

作为分管乡村教育改革工作的基层领导，X 副局长认为发展和繁荣中国乡村教育是实现乡村现代化和乡村振兴的重要路径。一方面，城乡教育一体化发展和融合式发展，是城市教育资源对乡村教育资源的单向式反哺和被动式馈赠，应当在乡村教育制度层面进行现代化重建和重构，换言之，建立健全现代乡村教育体制机制是城乡教育一体化发展和融合式发展的本质要求和内在属性，也是一条基本路径。[②] 另一方面，学校教育制度的有效衔接和家庭功能的部分社会化、市场化是新型城镇化背景下"后撤点并校时代"乡村教育转型的两大重要维度和实践方向，这不仅是市场机制冲击下乡村流动性增强导致的生源挤压及其生源危机之现实需求，也是新型城镇化背景下乡村社会内生发育过程中自身转

---

① 张燕：《后撤点并校时代农村寄宿制学校发展研究》，《教学与管理（理论版）》2017 年第 6 期。
② 郭清扬：《义务教育均衡发展与农村寄宿制学校建设》，《教育与经济》2014 年第 4 期。

型的内生诉求和内生转型发展的必然结果。① 因此,正如 X 副局长自己所言:"我认为,乡村教育的都市化、现代化转型和变迁是一个系统性工程,不仅有物质层面的改善,也需要有制度层面的建立,这也是为什么我本人一直提倡发展和繁荣中国乡村教育是实现乡村现代化和乡村振兴的一个重要的路径。"

二、乡村教育能动性机制运作逻辑

行文至此,乡村教育能动性回应机制的运作逻辑逐渐清晰,即基于市场机制和行政机制有机作用,实现学校教育的"制度衔接"与家庭教育的"功能替代",从而完成社会倒逼与乡村教育的能动性回应。基于上述逻辑,笔者将乡村教育的能动性回应机制运作逻辑概括为下述维度:

首先,"后撤点并校时代"乡村教育都市化转型过程与现代教育制度有效衔接起来。一方面,通过乡镇中小学教师的义务辅导,为乡镇中小学学生提供标准化的教育实践课程,实现人文素养和课业知识同步发展,且作为政府行为的"少年宫下乡"对乡镇中小学本身建设发展也有积极意义,通过场地建设和基础设施完善,也进一步缩小了城乡教育差异②;同时,少年宫教育课程结构逐渐趋于乡土化与现代化有机融合的同时也实现了其教育功能逐渐与学校教育、家庭教育相互耦合。因此,作为国家行为的"少年宫下乡"仍然面临诸多困境,如生源挤压下的"无人可学"和教师紧缺下的"无人可教"同时存在,但这些现实困境本身并未从政策层面否定"少年宫下乡"的合理性,换言之,作为学校教育制度衔接的重要维度之一,"少年宫下乡"是社会倒逼机制下乡村教育能动性回应的重要机制。另一方面,作为国家行动的"教师公寓制"本身具有一定的现实意义,在解决乡镇学校尤其是乡村学校青年教师流失问题方面起到了至关重要的作用,国家教育改革尤其是乡村教育制度扶持性、倾斜性改革,需要有青年教师对乡村教育事业的无私奉献,但乡村青年教师流失已成为一种新常态,不仅因为物质待遇和福利水平存在明显的城乡差异,而且在社会流动、职业晋升、精神生活等方面均存在不同程度的制约因素和现实困境,提高农村教师的物质待遇、丰富教师的精神生活、打通农村教师向上流动的通道就不得不成为一种配套性改革措施,回归乡土的乡村教师发展必须重视乡村教师的物质保障,因此,教师公寓制度成为新型城镇化背景下乡村教育能动性回应的重要机制。

其次,新型城镇化背景下家庭教育功能的部分替代机制则是"后撤点并校时代"乡村教育都市化能动性回应体系的又一重要组成部分。一方面,作为家庭教

---

① 李向东:《"后撤点并校时代"的应对路径》,《教育评论》2013 年第 5 期。
② 韩克庆、武文青:《中国少年宫的变迁与儿童福利的实现——以 M 市少年宫为例》,《东岳论丛》2012 年第 7 期。

育功能替代的首要机制,学生寄宿制已成为新型城镇化背景下乡村教育能动性应对的新样态,在应对撤点并校政策负面效应中具有不可替代的作用,学生寄宿制通过构建新型家校互动机制实现部分家庭教育功能替代,且学生寄宿制通过优化教育资源配置机制有效缓解撤点并校负面政策效应机制,同时学生寄宿制通过建设现代学校制度部分消解和弥合家庭教育功能的缺位困境[①];同时,基于现代学校日常管理体系和管理制度,辅之以教师公寓制度进而重构与改进师资队伍,拓展家校合作,形成教育合力并丰富拓展学校的教育时空,从而有效缓解新型城镇化背景下乡村教育面临的一系列重要现实困境。另一方面,校园餐桌制则是通过引入现代市场理念和社会运作机制有效缓解撤点并校政策实践负面效应的另一重要实践机制,换言之,作为家庭教育功能替代的另一重要实践机制,校园餐桌制已成为新型城镇化背景下乡村教育能动性应对的新样态,在应对撤点并校政策负面效应中具有不可替代的作用[②]。引入现代卫生组织网络管理体系实现学校就餐管理和就餐行为规范化和文明化,引入市场化改革理念和竞争意识提升学校餐饮服务的品质和质量,强化巡查监督机制保障校园餐桌制的有效落实。因此,作为家庭教育功能替代的重要机制,学生寄宿制将具有一定的社会现实基础,一言以蔽之,学生寄宿制已成为新型城镇化背景下乡村教育能动性应对的新样态,在应对撤点并校政策负面效应中具有不可替代的作用。[③]

最后,市场、政府、学校、家庭四维一体的动力体系是乡村教育能动性回应机制的运作逻辑的动力源。一方面,新型城镇化背景下乡村教育转型与变迁有其自身动力体系,换言之,作为新型城镇化背景下家庭教育模式转型及其功能变迁的另一主要利益相关主体,乡村学校教育在人口急剧流动和快速变迁之流动的现代性结构下不可避免将受到冲击,在社会倒逼机制作用下,乡村教育能动性回应遵循自身特殊的运作逻辑,市场机制下人口迁移与生源挤压使得撤点并校实践具备了必要的政策基础和现实合理性。另一方面,作为一种社会事实的客观现象的撤点并校的实践过程中呈现出自身的特征,即随着新型城镇化进程的进一步推进,乡村社会结构流动性进一步增强,行政机制下"后撤点并校时代"乡村教育的都市化转型是其能动性回应的社会基础和乡村教育制度变迁的现实诱因。具体而言,学校教育制度衔接与家庭教育功能替代是社会倒逼机制下乡村教育能动性回应的主要实践机制,即行政机制下"后撤点并校时代"乡村教育的都市化转型是其能动性回应的社会基础,乡村教育制度变迁主要通过学校教育

---

① 刘欣、曾嵘、王宁:《"后撤点并校"时期农村教育资源的重组与利用——基于对湖北省郧西县的调查》,《中国教育学刊》2013年第10期。
② 王路芳、张旭:《"后撤点并校"时代农村小规模学校教师队伍建设研究——基于对46个国家级贫困县的调查》,《上海教育科研》2015年第7期。
③ 贺武华:《农村寄宿制学校办学发展的价值重构与功能再造》,《浙江社会科学》2015年第3期。

制度的功能衔接实现,而"后撤点并校时代"乡村教育的都市化转型作为另一重要实践样态存在。因此,市场、政府、学校、家庭四维一体的动力体系是乡村教育能动性回应机制的运作逻辑的动力源。

第四节 本章小结

本章从倒逼机制(社会倒逼与能动性回应)——学校教育的"制度衔接"与家庭教育的"功能替代"两个子维度继续阐述市场机制和行政机制有机作用下社会机制如何回应以使得乡村教育变迁实现自适应转型。从"少年宫下乡"和"教师公寓制"两个具体制度入手,阐述变迁中的乡村学校教育制度如何实现与现代都市教育制度体系的有效衔接;从"学生寄宿制"和"校园餐桌制"两个具体替代性功能切入,考察实践中乡村教育的另一重要实践主体——家庭教育如何基于市场、政府、学校等多元教育主体实现功能替代;基于学校教育"制度衔接"与家庭教育"功能替代"两个子维度的系统分析提炼出乡村教育的社会倒逼机制及其能动性回应逻辑。

首先,作为政府行为的"少年宫下乡"实践与乡村教育体系部分程度实现了有效衔接。具体而言,一方面,少年宫教育课程结构逐渐趋于乡土化与现代化的有机融合;同时,少年宫教育功能逐渐与学校教育、家庭教育相互耦合;另一方面,作为国家行为的"少年宫下乡"仍然面临诸多困境,如生源挤压下的"无人可学"和教师紧缺下的"无人可教"同时存在。[1] 但这些现实困境本身并未从政策层面否定"少年宫下乡"的合理性。因此,作为学校教育制度衔接的重要维度,"少年宫下乡"是社会倒逼机制下乡村教育能动性回应的重要机制。而教师公寓制度成为新型城镇化背景下乡村教育能动性回应的重要机制,也是学校教育制度衔接的理性行动。具体而言,一方面,"教师公寓制"在解决乡镇学校尤其是乡村学校青年教师流失问题方面起到了至关重要的作用;同时,国家教育改革尤其是乡村教育制度扶持性、倾斜性改革,需要有青年教师对乡村教育事业的无私奉献,但是提高农村教师的物质待遇、丰富教师的精神生活、打通农村教师向上流动的通道就不得不成为一种配套性改革措施;另一方面,回归乡土的乡村教师发展必须重视乡村教师的物质保障,因此,教师公寓制度成为新型城镇化背景下乡村教育能动性回应的重要机制,也是学校教育制度衔接的理性行动。

---

[1] 丁冬、郑风田:《撤点并校:整合教育资源还是减少教育投入?——基于1996—2009年的省级面板数据分析》,《经济学(季刊)》2015年第1期。

其次,作为家庭教育功能替代的首要机制,学生寄宿制已成为新型城镇化背景下乡村教育能动性应对的新样态,在应对撤点并校政策负面效应中具有不可替代的作用。具体而言,一方面,学生寄宿制通过构建新型家校互动机制实现部分家庭教育功能替代;同时,学生寄宿制通过优化教育资源配置机制有效缓解撤点并校负面政策效应机制;另一方面,学生寄宿制通过建设现代学校制度部分消解和弥合家庭教育功能的缺位困境。而校园餐桌制则是通过引入现代市场理念和社会运作机制有效缓解撤点并校政策实践负面效应的另一重要实践机制,换言之,作为家庭教育功能替代的另一重要实践机制,校园餐桌制已成为新型城镇化背景下乡村教育能动性应对的新样态,在应对撤点并校政策负面效应中具有不可替代的作用。具体而言,一方面,校园餐桌制已成为新型城镇化背景下乡村教育能动性应对的新样态,引入现代卫生组织网络管理体系,实现学校就餐管理和就餐行为规范化和文明化;同时,引入市场化改革理念和竞争意识,提升学校餐饮服务的品质和质量;另一方面,强化巡查监督机制,保障校园餐桌制的有效落实,具体包括学校内部建立健全食堂安全生产日常巡查机制,严格落实食品安全生产责任制,发挥教育惠民中心市县校三级联动平台作用等具体实施策略和作用机制。

最后,乡村教育能动性回应机制的运作逻辑——基于市场机制和行政机制有机作用,实现学校教育的"制度衔接"与家庭教育的"功能替代",从而完成社会倒逼与乡村教育的能动性回应。一方面,"后撤点并校时代"乡村教育都市化转型过程与现代教育制度有效衔接起来;同时,新型城镇化背景下家庭教育功能的部分替代机制则是"后撤点并校时代"乡村教育都市化能动性回应体系的又一重要组成部分;另一方面,市场、政府、学校、家庭四维一体的动力体系是乡村教育能动性回应机制的运作逻辑的动力源。因此,基于市场机制和行政机制的有机作用,实现学校教育的"制度衔接"与家庭教育的"功能替代",从而完成社会倒逼与乡村教育的能动性回应。

第六章　"多维互构"：乡村教育的变迁机制

本章系统性反思当前学术界关于乡村教育变迁与转型的不同学术论争，包括新型城镇化背景下乡村教育当代转向的实践样态、"文字上移"的发生机制及其引发的社会后果以及中国当代乡村教育的本质回归及其振兴之路。首先，提出乡村教育转型的一个学理争论——"离农"抑或"为农"，就中国乡村教育转型的学术脉络演化路径而言，当代乡村教育的本质回归已成共识，但其蕴含的社会意涵并未引起学术界的高度关注或得到相关学者的有效阐释。其次，以 F 县乡村教育变迁的实践过程为例，从行政体制改革、经济体制转轨与社会结构转型的多维分析范式出发，采用市场机制、行政机制、社会机制多维互构的框架，系统性考察新型城镇化背景下中国乡村教育从"撤点并校"到"后撤点并校时代"的变迁机制及其微观实践逻辑。最后，提出乡村教育变迁的社会学意涵及其多维互构论。

第一节　乡村教育结构转型与功能变迁

一、转型中的乡村教育

随着新型城镇化进程的进一步加速，乡村教育在多维度均发生了不同程度的转型；同时，随着"人民教育人民办"向"人民教育政府办"的实践转变，乡村教育在实际功能发挥和经济规模效益上都取得了长足的进步和发展。一方面，伴随着 20 世纪末期开始的大面积"撤点并校"，"村不办小学，乡不办中学"已成为当前乡村教育布局调整的新常态①；同时，乡村教育的都市化转型也使得乡村学校和家庭教育成本增加、教育负担加重，且传统教育功能失去其应有的多元化功能，引发了一场乡村教育"拔根"式"脱嵌"②；另一方面，虽然《国务院办公厅关于规范农村义务教育学校布局调整的意见》（国办发〔2012〕48号）明令禁止了农村义务教育学校撤并，但制度运作惯性及其实践影响机制的思维定式使得"重城市、轻农村"的功能主义发展模式仍然大行其道，对本已衰落和部分终极的乡村教育造成了进一步不可挽回的损失和难以修复的创伤。因此，作为一种传统社会机制和制度设置的乡村教育随着乡土社会的转型和变迁已发生了不可逆转的变化，这也引起了社会各界的高度重视。爬梳既有研究成果，目前关于新型城镇化背景下乡村教育转型的相关研究大致集中在下述维度：

首先，新型城镇化背景下乡村教育当代转向的实践样态。所谓"文字上移"是与费孝通"文字下乡"相对的一个学术概念，集中反映了当代中国乡村教育出现的一种新趋势和新样态。③如果说"文字下乡"是费孝通在《乡土中国》中对民国时期乡村教育现代化转型和变迁的概括，且这一伟大历史事业主要是由乡村学校实施和完成的话，那么，"文字上移"则反映了国家—社会二元范式下当代乡村教育现代化变迁的新型时代特征，且在新型城镇化战略的实施和推进过程中得到进一步发展。当前，学术界已就中国乡村教育变迁过程中的"文字上移"这一特定社会事实达成共识，至少在社会认知和发生机制两个层面，各学者均一致认为，当前中国乡村教育转型最显著的一个社会事实莫过于20世纪末期以来由国家直接推动和主导的大规模、大范围的乡村义务教育布局调整（俗称"撤点并校"）以及以"农村寄宿制学校建设工程"为标志的乡村义务教育现代建设工程。有数据显示，在大规模撤点并校过程中，乡村中小学总数量从1997年的51万余所减少到2006年的29万余所，实际减幅高达43.13%④；同时，如果把乡村义务教育的教学点算在内的话，那么，中国乡村教育场所自20世纪末期以来的十余年间每年减少约3.2万所学校或教学点，换言之，每天约有87所学校正在或已经撤并消失。因此，这场由国家主导、政府实施的大规模"撤点并校"以及"农村寄宿制学校建设工程"所引发的社会问题引起了社会各界的高度关注，尤其是学术界出现了一场关于"撤点并校"与"文字上移"的批判性和反思性研究热潮。当

---

① 饶静、叶敬忠、郭静静：《失去乡村的中国教育和失去教育的中国乡村——一个华北山区村落的个案观察》，《中国农业大学学报(社会科学版)》2015年第2期。

② 单丽卿：《教育如何拆解社会——一个乡镇的教育调整与社会再造》，博士学位论文，中国社会科学院研究生院，2015。

③ 熊春文：《"文字上移"：20世纪90年代末以来中国乡村教育的新趋向》，《社会学研究》2009年第5期。

④ 同上。

然,在"后撤点并校时代"的当下,随着新型城镇化战略的多元化推进,尤其在乡村振兴战略的多元叠加效应下,中国乡村教育当代转向的实践样态也出现了不同程度的多元化、复杂化的变迁与转型。

其次,"文字上移"的发生机制及其引发的社会后果。《2008年政府工作报告》中明确指出,最近5年来,中国农村义务教育已全面纳入政府财政保障范畴,对全国农村义务教育阶段学生全部免除学杂费、全部免费提供教科书,对家庭经济困难寄宿生提供生活补助,使1.5亿学生和780万名家庭经济困难寄宿生受益。换言之,"人民教育政府办"已取代传统乡村教育"人民教育人民办"的既有模式,让财政阳光普照到中国乡村教育的各个角落。① 当然,这种政府主导下的乡村义务教育办学机制和布局调整理念本身无可厚非,而且从公权力行政效能和公共财政的社会效应而言,撤点并校在解决"后乡土中国"时代背景下村庄"空心化"、"无主体化"、"衰落化"和"终结化"导致的一系列乡村教育困境方面发挥了不可替代的作用,如《2008年政府工作报告》中明确指出,我国西部地区基本普及九年义务教育、基本扫除青壮年文盲攻坚计划如期完成;同时,国家安排专项资金支持2.2万多所农村中小学改造危房,建设7 000多所寄宿制学校,远程教育已覆盖36万所农村中小学,更多的农村学生享受到优质教育资源。然而,虽然以撤点并校为主要政策载体和以"农村寄宿制学校建设工程"为标志的乡村义务教育现代建设工程在近20年的实践过程中取得了一系列重要成就,尤其在乡村义务教育振兴、乡村文化复兴等维度有效化解了乡村衰落和乡村空心化导致的乡村教育"无根化"和"离农化"等现实困境,但在实施过程中也出现了一系列社会性后果或"非预期性后果"。学术界对此也做出了积极回应。如中国农业大学叶敬忠认为,"村不办小学,乡不办中学"的乡村义务教育布局调整在解决"人民教育人民无法办"这一现实困境的同时,也在一定程度上增加了学校的办学负担和教育成本,并且使得传统乡村教育的整体性隐性教育功能无法有效发挥甚至逐步消退,从而进一步导致乡村教育功能的工具化和物质化,最终进一步再生产了城乡二元结构下的教育不平等。② 因此,如果说以叶敬忠为代表的学者关注的是"村不办小学,乡不办中学"的乡村义务教育布局调整导致的城乡二元结构下教育不平等的结构性再生产机制的话,那么,学术界另一部分学者则更加关注从微观层面系统反思以"农村寄宿制学校建设工程"为标志的乡村义务教育现代建设工程所引发的一系列"非预期性后果"。如有学者基于农村义务教育阶段小学寄宿制学生学习生活现状的实证分析指出,农村寄宿制度在有效解决

---

① 饶静、叶敬忠、郭静静:《失去乡村的中国教育和失去教育的中国乡村——一个华北山区村落的个案观察》,《中国农业大学学报(社会科学版)》2015年第2期。

② 叶敬忠、孟祥丹:《对农村教育的反思——基于农村中小学布局调整影响的分析》,《农村经济》2010年第10期。

撤点并校后产生的教育点和学校通勤成本增加、上下学不便捷等现实困境的同时,也产生了一系列衍生性问题,如农村寄宿制导致学生与父母在"半留守"家庭中进一步发生空间隔离,进而导致情感沟通不畅、学业监督不健全、家校联动教育模式无法有效实施等,甚至会引发学生与乡土社会的进一步隔离,即乡村教育不但没有进一步发挥其应有的社会整合机制和统合功能,反而因其与传统乡土社会转型变迁的非功能性耦合而起到了"拆解社会"的副作用[1],并进一步加剧了乡村教育和农村的凋敝[2];换言之,作为一种社会设置和体制机制的教育而言,其社会整合机制和统合功能的有效发挥必须要求教育实践者尊重教育所嵌的社会结构和教育实践主体的个性化特征。因此,正是在这样一场"大水漫灌式"的撤点并校过程中,撤点并校这一政策体制机制在解决"后乡土中国"时代背景下村庄"空心化"、"无主体化"、"衰落化"和"终结化"导致的一系列乡村教育困境的同时,也引发了一系列非预期性的社会问题。[3]

最后,中国当代乡村教育的本质回归及其复兴之路。如果说20世纪上半叶由晏阳初主导的"平民教育与乡村建设运动"是一场针对传统乡土社会全体成员的"平民教育"的话[4],那么,今天中国当代乡村教育的本质应当在乡村振兴战略背景下寻求对乡村教育经济、政治、文化、社会等多元内涵意义的系统性整合,并试图寻求一种乡村文化、乡村生活和乡村教育"三位一体的乡村教育复兴之路"。[5] 换言之,学术界在解释中国当代乡村教育的本质回归中存在两种不同的争论,即乡村教育的"离农论"与乡村教育的"为农论"。下面笔者就"离农论"和"为农论"学术争论做一番简单评述,并提炼出中国当代乡村教育的本质回归争论的社会学意涵。

二、"离农"抑或"为农":乡村教育变迁之争

基于上述既有文献的反思性爬梳可以发现,学术界关于当代中国乡村教育变迁的实践样态以及乡村教育转型的发生机制已基本取得共识,即以"撤点并校"和"农村寄宿制学校建设工程"为标志的"撤并时代"下,中国乡村教育变迁的实践样态可以高度概括为——"文字上移";而随着新型城镇化战略的多元推进

---

[1] 单丽卿:《教育如何拆解社会——一个乡镇的教育调整与社会再造》,博士学位论文,中国社会科学院研究生院,2015。

[2] 汪淳玉、潘璐:《"文字上移"之后——基于三地农村小学寄宿生学习生活现状的研究》,《中国农业大学学报(社会科学版)》2012年第4期。

[3] 饶静、叶敬忠、郭静静:《失去乡村的中国教育和失去教育的中国乡村——一个华北山区村落的个案观察》,《中国农业大学学报(社会科学版)》2015年第2期。

[4] 晏阳初:《平民教育与乡村建设运动》,商务印书馆,2014,第63-70页。

[5] 庄孔韶、王媛:《评议"离农""为农"争论——教育人类学视角的农村教育》,《广西民族大学学报(哲学社会科学版)》2011年第2期。

和乡村振兴战略的进一步深入实施,中国乡村教育者基于"撤并时代"下一系列社会问题开始系统性反思乡村义务教育阶段的战略布局调整,更加关注乡村教育的社会文化功能和乡村振兴功能,从而使得乡村教育研究视角从单纯的物质导向的"集约化""规模化"及其所追求的经济效应,转向一种乡村文化、乡村生活和乡村教育"三位一体的乡村教育复兴之路",并使得当前中国乡村教育变迁的实践样态开始出现多元化、复杂化转型。但笔者认为,就中国乡村教育变迁的学术脉络演化路径而言,当代乡村教育的本质回归已成共识,但其蕴含的社会意涵并未引起学界的高度关注或得到相关学者的有效阐释。因此,笔者就教育社会学视角,阐述当前学术界关于乡村教育本质的一个显性争论——"离农论"抑或"为农论",并反思性归纳其背后所蕴藏的社会学意涵,为进一步检视乡村教育变迁机制及其实践逻辑提供必要的学理支撑。

首先,"离农论"。概而言之,"离农论"者试图从学理层面回答"中国教育如何失去乡村"这一现实问题。因此,"离农论"者认为,随着"文字上移"和"撤点并校"的进一步实施,乡村教育在"后乡土社会"正在扮演一种"拆解社会"的功能机制,且与"村落终结"和"乡村拆解"这一社会机制形成恶性循环[①],即随着乡村社会的进一步"空心化"、"无主体化"、"衰落化"和"终结化","嵌入"其中的乡村教育也必将出现不同程度的"无根化"和"离农化"[②];换言之,"离农论"者更加关注20世纪末期以来中国乡村教育"文字上移"变迁过程中,撤点并校政策的负面效应及其对中国传统乡土社会的多元冲击[③],并积极倡导中国当代乡土教育的本质回归和乡村教育的人文重建。[④] 就当代中国乡村教育变迁的"离农"发生机制而言,"离农论"者给出了相应的解释。一方面,随着"后乡土社会"读书功能论的经济导向转型,"读书无用论"在当代农村不断蔓延,进而导致当前农村初中生辍学率持续上升并引发一系列"高考弃考"现象[⑤];换言之,"后乡土社会"世界里的农民对乡村教育投资回报率(教育体制导致的投入周期长、就业难导致的回报率低)社会预期不断下降,使人们产生一种"知识难以改变命运""读书无用论"的教育功能认知误区,从而引发"寒门再难出贵子"的深刻反思以及如何有效提升农村基础教育质量的质疑[⑥];同时,"离农论"者认为,由于乡村教育社会功能难以

[①] 单丽卿:《教育如何拆解社会——一个乡镇的教育调整与社会再造》,博士学位论文,中国社会科学院研究生院,2015。
[②] 庄孔韶:《人类学与中国教育的进程(上)》,《民族教育研究》2000年第2期。
[③] 庄孔韶,王媛:《评议"离农""为农"争论——教育人类学视角的农村教育》,《广西民族大学学报(哲学社会科学版)》2011年第2期。
[④] 刘铁芳:《乡土的逃离与回归——乡村教育的人文重建》,福建教育出版社,2011,第58页。
[⑤] 曹晶:《教育社会分层功能的失衡:转型期农村教育的主要危机》,《教育科学》2007年第1期。
[⑥] 刘云杉:《"寒门难出贵子":基础教育与高等教育的双重困境》,《中国社会科学报》2012年3月7日B01版。

起到阶层分化和社会向上流动的负示范效应,使得"读书无用论"不仅仅成为"后乡土社会"农村居民的集体理性选择,也是当前务工经济大背景下,农村居民应对乡村教育都市化转型的主观能动性回应。[①] 另一方面,"离农论"者认为,正因为当代乡村教育阶层分化和社会流动功能的进一步降低,乡村教育的经济功能属性得到进一步凸显和强化,共同使得"后乡土社会"场域中教育功能发生异化,而这种单一物质主义导向的教育功能"经济异化"被"离农论"者视为一种"追求离开农村和农业,变成非农业人口"的"离心离德"[②],并进一步引发乡村教育的文化危机。[③] 一言以蔽之,"离农论"者认为,随着"文字上移"和"撤点并校"的进一步实施,乡村教育在"后乡土社会"正在扮演一种"拆解社会"的功能机制,且与"村落终结"和"乡村拆解"这一社会机制形成恶性循环,导致乡村教育物质主义导向的教育功能"经济异化",最终引发中国乡村教育"离心离德"。

其次,"为农论"。与"离农论"者关注"中国教育如何失去乡村"这一现实困境不同,"为农论"者则是在承认城乡二元结构性差异的基础上,期望通过教育结构功能改革,尤其是通过建立健全城乡教育一体化体制机制实现城乡教育从"二元对抗"走向"有差别的统一"。[④] 因此,"为农论"者认为,一方面,在当前乡村社会的进一步"空心化"、"无主体化"、"衰落化"和"终结化"的社会趋势下,"嵌入"其中的乡村教育不但无法通过自救的方式实现自我复兴、自我振兴、自我回归,反而因都市主义导向的城镇化进程的推进出现"无根化"和"离农化"[⑤],换言之,中国传统乡村教育在完成"学在官府—文字下乡—文字上移"近乎完整的辩证法过程后,再一次面临"文字下乡"的新挑战[⑥];同时,"为农论"者认为,正是因为当前乡村教育无法通过自我救赎的方式实现本质回归,使得作为一种国家行为的"文字上移"和政府机制的"撤点并校"不但具有了政策合理性层面的自我证成,也完成了乡村教育因"村落终极"导致的"教育消失";换言之,乡村教育变迁过程中"文字上移"和"撤点并校"具有特定的社会阶段性功能和历史政策性依据。另一方面,"为农论"者认为,乡村教育不仅仅应通过政府财政资金的大规模单向度

---

① 翁乃群:《村落视野下的农村教育——以西南四村为例:城市导向的农村教育》,社会科学文献出版社,2009,第5页。
② 钱理群、刘铁芳:《乡土中国与乡村教育》,福建教育出版社,2008,第294页。
③ 熊春文:《"文字上移":20世纪90年代末以来中国乡村教育的新趋向》,《社会学研究》2009年第5期。
④ 苏刚:《城乡教育一体化:从"二元对抗"走向"有差别的统一"》,《上海教育科研》2013年第10期。
⑤ 范先佐:《乡村教育发展的根本问题》,《华中师范大学学报(人文社会科学版)》2015年第5期。
⑥ 熊春文:《"文字上移":20世纪90年代末以来中国乡村教育的新趋向》,《社会学研究》2009年第5期。

投入获得乡村教育的规模化效应和社会政策的经济价值①,更应克服当前乡村教育的"经济异化",注重教育的社会文化价值,跳出"教育为农"的思维定式,积极探索超越城乡二元结构的教育一体化实现机制和城乡融合发展模式下的乡村教育未来方向。② 一言以蔽之,"为农论"者在承认城乡二元结构性差异的基础上,期望通过教育结构功能改革,尤其是通过建立健全城乡教育一体化体制机制的基础上,实现城乡教育从"二元对抗"走向"有差别的统一"。

最后,如何超越"离农"与"为农"之争? 中国乡村文化是中华优秀传统文化家园中的一朵重要奇葩,而今随着都市主义的肆虐和城市化的进一步加速,乡村教育深深陷入了无法自拔的"离农"境地,出现了乡村社会终结和乡村教育解组恶性循环的现实困境③,从而使得"后乡土社会"教育呈现一番新图景:一边是接受了良好乡村基础教育及其以上的年轻人,不但没有留在乡村,反而因"村不办小学,乡不办中学"的教育资源阶梯化配置结构而单向度流向都市,甚至一去不复返,另一边则是"面色苍白、目光呆滞、怪癖不群"无法适应农村的回乡青年。④ 这种二元悖论式的困境使得人们不禁反思这样一个问题:乡村教育为何在国家投入和乡村转型的今天并未有效发挥其应有的社会经济价值和效益,换言之,乡村教育在社会发展进步的大趋势下究竟出现了什么问题,从"嵌入"到"悬浮"的乡村教育,其深层次症结又在哪里?⑤ 刘铁芳在《乡土的逃离与回归——乡村教育的人文重建》一书中明确提出,当前中国乡村教育从"嵌入"到"悬浮"的深层次症结正是因为乡村文化秩序的"多重危机",即自然生态秩序的破坏、乡村文化秩序的瓦解、乡村公共生活和乡村心态秩序的危机等;换言之,也正是因为乡村文化秩序的合法性重建无法在"后乡土社会"获得自我重建,才使得"嵌入"型乡村教育出现"悬浮"趋势。⑥ 显然,结构功能主义导向的"离农论"和"为农论"在解释乡村社会终结和文化秩序凋敝导致的乡村教育"离心离德"时具有一定的解释效度,但这种结构功能主义导向的静态解释无法很好地回应乡村教育变迁的深层逻辑,尤其是中国城乡二元结构变迁大趋势下,乡村教育异化的发生机制及其

---

① 李跃雪、邬志辉:《城镇化背景下乡村教育发展策略:国际经验与启示》,《比较教育研究》2016年第3期。
② 邬志辉:《当前我国城乡义务教育一体化发展的核心问题探讨》,《教育发展研究》2012年第17期。
③ 蔡志良、孔令新:《撤点并校运动背景下乡村教育的困境与出路》,《清华大学教育研究》2014年第2期。
④ 李涛:《中国乡村教育发展路向的理论难题》,《探索与争鸣》2016年第5期。
⑤ 姚荣:《从"嵌入"到"悬浮":国家与社会视角下我国乡村教育变迁研究》,《清华大学教育研究》2014年第4期。
⑥ 刘铁芳:《乡土的逃离与回归——乡村教育的人文重建》,福建教育出版社,2011,第50-59页。

实践逻辑。①

当然,国家—社会二元对立分析范式在解释中国城乡二元结构变迁大趋势下乡村教育异化的发生机制及其实践逻辑时仍然面临一系列"不适应"和"水土不服"。具体而言,一方面因为国家—社会二元对立分析范式作为一个舶来品在中国本土社会面临理论土壤适应度的拷问,另一方面也因为随着中国城乡二元结构的进一步消弭,中国乡村振兴战略和新型城镇化战略的进一步加速推进,国家和社会的边界日趋模糊。因此,基于中国乡村教育百年发展历史脉络以及当代中国乡村教育的现代转型②,作为舶来品的国家—社会二元对立分析范式,其理论解释效度和信度均日渐式微。③

第二节 乡村教育变迁的机制分析

通过上述文献的反思性爬梳可以发现,学界关于当代中国乡村教育变迁的学理分析大致呈现"共识中分歧"这一趋势。一方面关于中国乡村变迁的"文字上移"及其"撤点并校"政策效应的负面影响学术界达成基本共识;另一方面,就"文字上移"及其"撤点并校"政策效应负面影响的发生机制和实践逻辑而言,各学者的理论分析主要集中在"结构功能主义"和"国家—社会"二元框架这两大分析范式,且在前一种范式中出现了"离农论"和"为农论"的学术争论,但就其本质而言,无论是关注"中国教育如何失去乡村"的"离农论"还是聚焦"通过建立健全城乡教育一体化体制机制实现城乡教育从二元对抗走向有差别的统一"的"为农论",均未摆脱落入"结构功能主义"分析范式的二元对立弊端之窠臼。鉴于此,笔者试图在中国社会转型大背景下,以F县乡村教育变迁的实践过程为例,从行政体制改革、经济体制转轨与社会结构转型的多维分析范式出发,采用市场机制、行政机制、社会机制多维互构的框架,系统性考察新型城镇化背景下中国乡村教育从"撤点并校"到"后撤点并校时代"的变迁机制及其微观实践逻辑。

---

① 李森、崔友兴:《新型城镇化进程中乡村教育治理的困境与突破》,《西南大学学报(社会科学版)》,2016年第2期。

② 李森、汪建华:《我国乡村教育发展的历史脉络与现代启示》,《西南大学学报(社会科学版)》2017年第1期。

③ 饶静、叶敬忠、郭静静:《失去乡村的中国教育和失去教育的中国乡村——一个华北山区村落的个案观察》,《中国农业大学学报(社会科学版)》2015年第2期。

一、市场机制下的"生源挤压"

作为乡村教育变迁"多元互构机制体系"的首要维度,市场机制是引发乡村社会转型及其"后乡土性"生成的重要因素[①],也是新型城镇化背景下乡村教育结构转型和功能变迁的首要因变机制;换言之,如果不考虑乡村内生因素及其教育功能自我变迁机制的影响因素,那么,市场化机制的渗透和大量人口由乡村向都市的单向度迁徙则成为当前中国传统乡土社会教育结构转型和功能变迁的主导动因。因此,基于F县乡村教育变迁的实践过程,笔者将市场机制下的"生源挤压"视作乡村教育变迁"多元互构机制体系"的首要维度。

笔者曾在第三章从人口迁徙与流动的视角考察市场机制作用下乡村教育变迁的发生机制及其实践逻辑,具体包括人口流动下的家庭教育变迁及学校教育变迁,此处不复赘述。

此处重点阐述市场机制下"生源挤压"的微观发生机制。所谓生源挤压是指这样一种现象:随着新型城镇化进程的进一步加速,村庄流动性增强使得人口迁徙的同时也引发家庭教育实践场所的外迁地导向,换言之,随迁受教育成为大部分流动人口举家迁徙的现实选择和集体行动,因此,这就导致好的生源逐层向上一级地区流动,如乡镇向县城流动、县城向市区流动,从而使得传统乡村教育面临生源危机,既包括生源数量逐年减少的危机,也包括生源质量普遍下降的危机。

首先,举家迁徙引发随迁子女教育社会空间的"脱域"化转型。具体而言,一方面,在"后乡土社会"里举家迁徙的同时将子女随迁至迁入地接受教育,但因城乡二元体制运作惯性及其公共教育资源的分层化分配机制使得随迁子女只能接受一种社会空间的"脱域"化教育;另一方面,大部分受访家长都认为这种随迁导致的"脱域"化教育比留守在老家里更有优势,虽然他们也承认子女可能在陌生教育环境中面临一系列适应困境,但他们还是做出了随迁的选择。因此,举家迁徙引发随迁子女教育社会空间的"脱域"化转型背后的逻辑则是一种兼顾生计模式、教育质量和家庭抚育等多维因素综合权衡的"家庭理性"。

其次,乡村中小学生作为教育社会空间"脱域"化转型的直接实践者存在多元化行动逻辑。具体而言,一方面,乡村中小学生作为教育"脱域"化转型的直接实践者存在多元化行动逻辑是指因年龄结构、年级分布与学业成绩差异而对随迁受教育存在多元化态度和多样化动机;另一方面,高年级学生随迁就读的比例和意愿相对较高,而低年级学生随迁就读的比例则相对较低;同时,成绩优异的学生随迁就读的比例和意愿相对较高,而学业成绩相对较差的学生或者学习能

---

① 陆益龙:《后乡土中国》,商务印书馆,2017,第14页。

力不强的学生随迁就读的比例和意愿相对较低。因此,乡村中小学生作为教育"脱域"化转型的直接实践者存在多元化行动逻辑,其教育社会空间"脱域"化转型的社会动机也存在多元化特征并因年龄结构、年级分布与学业成绩而呈现出差异化分布特征。

最后,举家迁徙引发的"生源挤压"是一种个体理性导致的"未预期后果"。具体而言,一方面,随着举家迁徙已成为新时期人口流动模式的新常态,随迁子女社会融入已成为与留守儿童社会支持同等重要的社会现实问题;同时,作为微观理性主体的家庭在兼顾生计模式、教育质量和家庭抚育等多维因素综合权衡后选择了一种教育社会空间的"脱域"化,换言之,这是微观理性个体的能动性选择和理性行为。另一方面,随着教育社会空间的"脱域"化转型的进一步加速,乡土社会不但出现了"终结化""空心化""无主体化"等"地域社会过疏化"困境[①],从而面临"地域社会何以可能"和"当代中国村落共同体命运"的现实拷问[②],而且乡村教育的社会结构和基础功能也发生了实质性变迁,最突出的表现样态则是"生源挤压"。

二、行政机制下的"都市化转型"

如果说市场机制主导下乡村教育的"生源挤压"是乡村教育变迁"多元互构机制体系"的首要实践样态,那么,随着乡村教育变迁的理念深入人心,作为市场"脱嵌"机制的应对主体,政府又是如何回应从而防止市场机制蔓延导致的教育"脱嵌"呢?因此,作为政府行为的"撤点并校"和"文字上移"就成为应对市场机制主导下乡村教育"生源挤压"的重要回应型机制。笔者曾在第四章从历史变迁的视角考察新型城镇化背景下乡村教育的另一重要实践——撤点并校及其对乡村教育转型的影响机制,此处不复赘述。此处重点详述行政机制下"都市化转型"的实践发生机制。具体而言,行政机制下"都市化转型"集中体现在撤点并校政策效应在学校教育和家庭教育两个层面的不同影响机制和作用方式。

首先,撤点并校政策效应对学校教育的影响机制和作用方式。撤点并校政策效应对学校教育的影响机制和作用方式集中体现在"乡村教育的师资结构"和"乡村教育实践模式"两个基本维度的都市化转型。具体而言,一方面,撤点并校政策要真正落到实处而发挥应有的政策效应,必须辅之以系列的配套改革方案,尤其在师资队伍建设方面需要得到政府和教育主管部门的高度重视,唯有如此才能从根本上解决乡村教育的核心困境;同时,针对撤点并校政策效应负面影响,F县教育局先后出台了一系列政策文件专门针对撤点并校过程中,乡村教师

[①] 田毅鹏:《村落过疏化与乡土公共性的重建》,《社会科学战线》2014年第6期。
[②] 毛丹、陈建胜、彭兵:《论城乡社区衔接》,中国社会科学出版社,2016,第1—12页。

结构优化和师资队伍建设问题,具体包括《关于进一步加强全县教师队伍建设的意见》(肥发〔2012〕15号)和《F县人民政府办公室关于印发F县乡村教师支持计划实施办法(2017—2020年)的通知》(政办〔2017〕4号)等。另一方面,作为撤点并校的配套改革方案,无论是《关于进一步加强全县教师队伍建设的意见》抑或《F县乡村教师支持计划实施办法(2017—2020年)》都对乡村教师的重要性给了高度肯定和重视,尤其在优化城乡资源配置和乡村基层教育工作队伍建设方面,上述文件及其配套改革措施都为F县撤点并校政策实践提供了必要的制度保障和政策支持。因此,撤点并校政策效应对学校教育的影响机制和作用方式集中体现在"乡村教育的师资结构"和"乡村教育实践模式"两个基本维度的都市化转型。

其次,撤点并校政策效应对家庭教育的影响机制和作用方式。撤点并校政策效应对家庭教育的影响机制和作用方式集中体现在"家庭结构半留守化"和"抚育模式多元化"两个基本维度的都市化转型。具体而言,一方面,学校教学实践的都市化转型使得传统隔代抚育模式无法实现有效家庭互动,换言之,父亲或母亲一方选择留守正是出于最大程度实现家校互动从而营造更好的家庭教育环境;同时,家庭结构"半留守化"的实践样态呈现多元化趋势,父亲外出务工和母亲留守已成为家庭结构"半留守化"的新常态,留守长辈(爷爷和奶奶)也成为家庭结构"半留守化"的重要组成部分,这就也是抚育模式多元化转型的重要现实基础,换言之,家庭结构"半留守化"的实践样态呈现多元化趋势发展。另一方面,家庭结构"半留守化"也进一步反作用于学校家庭互动机制并引发一种"大家访"的倒逼式改革,这种家访既可以帮助学校教育实践者和管理者更好地定期了解学生家庭教育情况,也能通过"大走访"式的"大家访",将学校管理者和教育实践者有机联系起来,并通过留守或半留守家庭的定期走访实践工作完成教学模式的精准化改革和教育实践管理的精细化转型。当然,家庭结构"半留守化"是家庭抚育模式多元化的现实基础,家庭抚育模式多元化转型是作为集体理性的家庭应对撤点并校政策负面效应的重要策略。因此,撤点并校政策效应对家庭教育的影响机制和作用方式集中体现在"家庭结构半留守化"和"抚育模式多元化"两个基本维度的都市化转型。

最后,乡村教育实践模式呈现都市化转型,其作用机制主要集中体现在教学实践模式、学校日常管理模式、师资结构再生产模式三个维度;家庭结构"半留守化"是家庭抚育模式多元化的现实基础,家庭抚育模式多元化转型是作为集体理性的家庭应对撤点并校政策负面效应的重要策略,学校教学实践的都市化转型使得传统隔代抚育模式无法实现有效家庭互动,且家庭结构"半留守化"的实践样态呈现多元化趋势,家庭结构"半留守化"也进一步反作用于家校互动机制并引发一种"大家访"的倒逼式改革。

三、社会机制下的"能动性回应"

如果说行政机制下的"撤点并校"和"文字上移"是政府应对市场机制下的"生源挤压"的有效举措(虽然"撤点并校"和"文字上移"在实践过程中出现了不同程度的"非预期性后果",但并不妨碍其成为政府政策合法性的重要基础),那么,在面对行政机制下的都市化转型,尤其是"撤点并校"政策效应和"文字上移"发展模式在学校教育和家庭教育两个层面产生的不同负面影响,作为能动主体的社会又该如何回应并进一步防止政府这只"有形之手"无限触及导致的一系列负面效应呢?因此,社会倒逼与乡村教育能动性反应就成为应对作为政府行为的"撤点并校"和"文字上移"的重要回应型机制。笔者曾在第五章从倒逼机制(社会倒逼与能动性回应)——学校教育的"制度衔接"与家庭教育的"功能替代"两个子维度继续阐述市场机制和行政机制有机作用下社会机制如何回应以使得乡村教育变迁实现自适应转型,此处不复赘述。此处重点详述社会倒逼与乡村教育能动性回应的实践发生机制。具体而言,社会倒逼与乡村教育能动性回应的实践发生机制集中体现在学校教育的制度衔接和家庭教育的功能替代两个基本维度。

首先,学校教育的制度衔接。学校教育的制度衔接具体表现在"少年宫下乡"和"教师公寓制"两个实践维度。具体而言,一方面通过乡村中小学教师的义务辅导,为乡镇中小学学生提供标准化的教育实践课程,实现人文素养和课业知识同步发展,作为政府行为的"少年宫下乡"对乡村中小学本身建设发展也有积极意义,通过场地建设和基础设施完善,也进一步缩小了城乡教育差异;同时,少年宫教育课程结构逐渐趋于乡土化与现代化的有机融合,少年宫教育功能逐渐与学校教育、家庭教育相互耦合。另一方面,教师公寓制度成为新型城镇化背景下乡村教育能动性回应的重要机制,也是学校教育制度衔接的理性行动,作为政府行为的"教师公寓制"实践与乡村教育体系部分程度实现了有效衔接,且在发展乡村教育的关键问题——"提升教师社会福利待遇和福利水平"方面起到了至关重要的作用。换言之,回归乡土的乡村教师发展必须重视乡村教师的物质保障,尤其需要将青年教师从乡村教育事业的"边缘人"培养为乡土文化的"传承者",因此,"教师公寓制"成为新型城镇化背景下乡村教育能动性回应的重要机制,也是学校教育制度衔接的理性行动。一言以蔽之,学校教育的制度衔接具体表现在"少年宫下乡"和"教师公寓制"两个实践维度。

其次,家庭教育的功能替代。家庭教育的功能替代具体表现在"学生寄宿制"和"校园餐桌制"两个基本实践维度。具体而言,一方面,作为家庭教育功能替代的重要机制,学生寄宿制具有一定的社会现实基础,因此,学生寄宿制已成为新型城镇化背景下乡村教育能动性应对的新样态,在应对撤点并校政策负面效应中具有不可替代的作用。因此,健康校园餐桌、文明就餐行为和习惯的养成本身也是新型城镇化背景下社会转型倒逼机制下乡村学校教育能动性回应的重要机制之一。另一方面,引入现代卫生组织网络管理体系,实现学校就餐管理和就餐行为规范化和文明化,引入市场化改革理念和竞争意识,提升学校餐饮服务的品质和质量,强化巡查监督机制,保障校园餐桌制的有效落实等具体实践举措已成为家庭教育的功能替代的新常态。

最后,倒逼机制的运作逻辑。乡村教育能动性回应机制的运作逻辑——基于市场机制和行政机制的有机作用,实现学校教育的"制度衔接"与家庭教育的"功能替代",从而完成社会倒逼与乡村教育的能动性回应。具体而言,一方面,"后撤点并校时代"乡村教育都市化转型过程与现代教育制度有效衔接起来;同时,新型城镇化背景下家庭教育功能的部分替代机制则是"后撤点并校时代"乡村教育都市化能动性回应体系的又一重要组成部分。另一方面,市场、政府、学校、家庭四维一体的动力体系是乡村教育能动性回应机制的运作逻辑的动力源。因此,基于市场机制和行政机制的有机作用,实现学校教育的"制度衔接"与家庭教育的"功能替代",从而完成社会倒逼与乡村教育的能动性回应。

第三节　乡村教育变迁的"多维互构论"

一、乡村教育变迁的社会学意涵

目前,关于乡村教育变迁的社会学研究并未跳出结构功能主义分析范式的窠臼,即特定的乡村社会结构决定了作为一种"嵌入"机制的教育及其变迁路径,而实践中最常见也最为引起学术界关注的问题则是乡村教育变迁过程中的"撤点并校"和"文字上移",且"撤点并校"和"文字上移"具有内在逻辑一致性:基于乡村"空心化""无主体化"等特定社会结构及计划生育政策导致的农村生源逐年减少,乡村教育布局调整理应呈现"上移"趋势,即学术界所谓的"文字上移"——"20世纪90年代末以来由国家发动的大规模撤点并校布局调整和农村寄宿制学校建设工程所导致的大量村庄学校的急剧消失"[①]。换言之,乡村变迁的"上移"是近年来城镇化发展的必然趋势,或者说农村中小学布局调整是城镇化的必然结果和计划生育等政策导致生源逐年减少的实践要求。一言以蔽之,农村适

---

① 熊春文:《"文字上移":20世纪90年代末以来中国乡村教育的新趋向》,《社会学研究》2009年第5期。

龄儿童都随迁进城接受教育了,农村生源逐年减少,因此撤点并校理所应当也是优化基础教育资源配置的一种公共政策。

当然,也有学者并不同意上述观点,如叶敬忠的经验研究指出,"农村中小学布局调整并非城市化的结果,而恰恰是城市化的手段,也就是说,作为发展主义治理术的农村教育,正是以看似理性的政策设计,利用把学校、优秀师资和优质生源等上移到县城这一运动,以教育上移来推进城市化的进程。"[1]显然,叶敬忠打破了传统结构功能主义分析范式下的乡村教育变迁路径及其合理性证成,即农村中小学教育布局调整并非城镇化推进的必然结果和内在要求,而恰恰相反,作为一种治理术的中国农村教育实践正在被当作进一步推进城镇化的手段和方式。

显然,上述两种观点均未能跳出结构功能主义分析范式的窠臼,无论是"乡村社会结构变迁决定教育变迁路径"还是"作为城镇化推进手段的教育治理术",均在结构—功能二元互构的角度分析作为一种"嵌入"机制的教育及其变迁的应然路径。笔者并无意否定上述研究成果,而意在从范式层面指出当前乡村教育变迁的社会学研究之局限性,并从教育社会学角度系统阐释乡村教育变迁的社会学意涵。

首先,乡村教育的社会功能。无论是"乡村社会结构变迁决定教育变迁路径"还是"作为城镇化推进手段的教育治理术",虽然在结构功能作用机制上存在分歧,但两种观点均基于一个共同的学理基础,即乡村教育存在一定的社会功能。一方面,乡村教育在实现人力资本提升和人口城乡流动中发挥着不可替代的积极功能,这也是乡村教育战略布局调整的政策出发点;另一方面,虽然乡村教育"嵌入"特定的乡村社会结构,且随着新型城镇化进程的进一步推进,乡村社会结构呈现出"空心化""无主体化"等现实特征,但基于教育功能多元论视角,乡村教育也并不必然出现"上移"趋势,更不应该出现终结,因为乡村教育不仅承载着人力资本提升和乡村人口社会化等基础性社会功能,也是乡村文化再生产和乡土文明传承的重要基础和社会载体,这也是人文教育学者、教育人类学者和部分文化人类学者共同关注的核心议题,即保留传统乡村教育具有特定的文化意涵。因此,乡村教育社会功能的多元化决定了其变迁路径必然呈现多样化,而非仅仅"撤点并校"和"文字上移"。当然,乡村教育变迁路径的多样化应然样态并非本研究所探讨之事,此处提出乡村教育变迁功能多元化论和路径多样论,其目的是突出强调乡村教育变迁的结构功能主义分析范式存在一定的局限性。

其次,乡村教育的变迁动力。作为一种社会事实的乡村教育变迁其现实表现形态最常见的则是"撤点并校"和"文字上移"。正是基于乡村教育的社会功

---

[1] 叶敬忠:《作为治理术的中国农村教育》,《开放时代》2017年第3期。

能,作为个体理性选择(主体性)和作为社会事实(结构性)两个不同层面的乡村教育变迁具有不同的发生机制:一方面,作为主体性的理性行为,选择外出或随迁获得更好的教育资源和教育机会本身无可厚非,且在生计结构非农化变迁或"基于代际分工的半工半耕"的客观现实下,作为个体行为的"文字上移"是一种家庭理性最大化;另一方面,作为结构性的社会事实,随着个体不断选择外出读书或进城接受教育,乡村学校生源逐年减少,甚至面临生源危机,此时的"撤点并校"和"文字上移"就成为政府应对个体理性行为——个体行为的"文字上移"引发集体不理性——"乡村教育的生源危机"而做出的回应型举措。因此,究其根源,乡村教育变迁的发生机制或变迁动力则是城乡教育资源及其分配机制的不平等、不健全、不充分、不均衡,而问题就在于,政府试图通过"撤点并校"和"文字上移"实现个体理性下的集体不理性,此行为本身又进一步加剧了城乡教育资源及其分配机制的不平等、不健全、不充分、不均衡,最终形成一种恶性循环。

最后,超越乡村教育变迁的结构功能主义分析范式。既然"乡村社会结构变迁决定教育变迁路径"和"作为城镇化推进手段的教育治理术"均承认乡村教育存在多元化社会功能和多样化变迁路径,且乡村教育变迁的真正动力是城乡教育资源及其分配机制的不平等、不健全、不充分、不均衡发展现状,那么,学术研究理应跳出非此即彼或单一决定论的结构功能主义分析范式,将乡村教育多元化社会功能及其多样化变迁路径视作一个特定的社会子系统,它和市场、社会、行政等其他社会系统之间存在着千丝万缕的联系,且呈现一种"多维互构"的特征。因此,笔者提倡超越乡村教育变迁的结构功能主义分析范式,采用一种"多维互构"的乡村教育变迁机制分析。

二、乡村教育变迁的多维互构

以市场、国家、社会切入变迁中的乡村教育则会发现,"多维互构"的乡村教育变迁机制存在市场机制下的"生源挤压"、行政机制下的"都市化转型"以及社会机制下的"能动性回应"三种不同变迁路径和实践样态。质言之,多维互构论视角下的乡村教育变迁是上述三种不同变迁动力和作用机制共时性作用的结果。因此,乡村教育变迁的实践正是市场、国家、社会三股力量及其对应的三种不同变迁动力和作用机制"多维互构"的实践结果。

首先,市场机制。一方面,举家迁徙引发随迁子女教育社会空间的"脱域"化转型背后的逻辑则是一种兼顾生计模式、教育质量和家庭抚育等多维因素综合权衡的家庭理性;同时,村中小学生作为教育"脱域"化转型的直接实践者存在多元化行动逻辑,其教育社会空间"脱域"化转型的社会动机也存在多元化特征并因年龄结构、年级分布与学业成绩而呈现出差异化分布特征。另一方面,随着教育社会空间的"脱域"化转型的进一步加速,乡村教育的社会结构和基础功能也发生了实质性变迁,最突出的表现样态则是"生源挤压"。

其次,行政机制。一方面,撤点并校政策对学校教育产生影响,在行政体制下实现了都市化转型。其表现集中体现在撤点并校政策效应在学校教育和家庭教育两个层面上实现的不同的影响机制和作用方式;同时,撤点并校政策效应对学校教育的影响机制和作用方式集中体现在"乡村教育的师资结构"和"乡村教育实践模式"两个基本维度的都市化转型。另一方面,撤点并校政策效应对家庭教育的影响机制和作用方式集中体现在"家庭结构半留守化"和"抚育模式多元化"两个基本维度的都市化转型。

最后,社会机制。一方面,社会倒逼与乡村教育能动性反应就成为应对作为政府行为的"撤点并校"和"文字上移"的重要回应型机制,且社会倒逼与乡村教育能动性回应的实践发生机制集中体现在学校教育的制度衔接和家庭教育的功能替代两个基本维度;同时,学校教育的制度衔接具体表现在"少年宫下乡"和"教师公寓制"两个实践维度,且家庭教育的功能替代具体表现在"学生寄宿制"和"校园餐桌制"两个基本实践维度。另一方面,乡村教育能动性回应机制的运作逻辑——基于市场机制和行政机制的有机作用,实现学校教育的"制度衔接"与家庭教育的"功能替代",从而完成社会倒逼与乡村教育的能动性回应。

第四节　本章小结

本章系统性反思当前学术界关于乡村教育变迁的不同学术论争,包括新型城镇化背景下乡村教育当代转向的实践样态、"文字上移"的发生机制及其引发的社会后果以及中国当代乡村教育的本质回归及其复兴之路。

首先,提出乡村教育变迁的一个学理争论——"离农"抑或"为农",就中国乡村教育转型的学术脉络演化路径而言,当代乡村教育的本质回归已成共识,但其蕴含的社会意涵并未引起学术界的高度关注或得到相关学者的有效阐释。因此,笔者就教育社会学视角,阐述当前学术界关于乡村教育本质的一个显性争论——"离农论"抑或"为农论",并反思性归纳其背后所蕴藏的社会学意涵,为进一步检视乡村教育变迁机制及其实践逻辑提供必要的学理支撑。

其次,乡村教育变迁的机制。超越"结构功能主义"分析范式的二元对立弊端之窠臼,以F县乡村教育变迁的实践过程为例,从行政体制改革、经济体制转轨与社会结构转型的多维分析范式出发,采用市场机制、行政机制、社会机制多维互构的框架,系统性考察新型城镇化背景下中国乡村教育从"撤点并校"到"后撤点并校时代"的变迁机制及其微观实践逻辑,具体包括市场机制下的"生源挤压"、行政机制下的"都市化转型"和社会机制下的"能动性回应"。

最后,乡村教育变迁的社会学意涵及其多维互构论。一方面,无论是"乡村社会结构变迁决定教育变迁路径"还是"作为城镇化推进手段的教育治理术",虽然在结构功能作用机制上存在分歧,但两种观点均基于一个共同的学理基础,即乡村教育存在一定的社会功能;同时,作为个体理性选择(主体性)和作为社会事实(结构性)两个不同层面的乡村教育变迁具有不同的发生机制。另一方面,将乡村教育多元化社会功能及其多样化变迁路径视作一个特定的社会子系统,它和市场、行政、社会等其他社会系统之间存在着千丝万缕的联系,且呈现一种"多维互构"的特征。

因此,以市场、国家、社会切入变迁中的乡村教育则会发现,"多维互构"的乡村教育变迁机制存在市场机制下的"生源挤压"、行政机制下的"都市化转型"以及社会机制下的"能动性回应"三种不同变迁路径和实践样态。质言之,多维互构论视角下的乡村教育变迁是上述三种不同变迁动力和作用机制共时性作用的结果。一言以蔽之,乡村教育变迁的实践正是市场、国家、社会三股力量及其对应的三种不同变迁动力和作用机制"多维互构"的实践结果。

第七章 结论与讨论

本章进一步提炼乡村教育变迁的"多维互构论",并与结构功能主义和国家—社会二元对立分析范式进行理论对话,并用"多维互构论"回应乡村教育变迁的各种论争;同时,反思整个研究过程并提出其不足与展望。

第一节 结论

一、乡村教育变迁的实践逻辑

本研究试图在中国社会经济结构转型大背景下,以皖中F县乡村教育变迁的实践过程为例,从市场、国家、社会三维一体层面采用市场机制、行政机制、社会机制多维互构的框架,系统性考察新型城镇化背景下乡村教育从"撤点并校"到"后撤点并校时代"的变迁机制及其微观实践逻辑。

首先,变迁中的乡土社会在人口结构和生计模式两个主要维度均发生了不同程度的实质性转型与变迁。就皖中F县的现实情况而言,一方面,随着新型城镇化进程的进一步加速和城镇化水平的不断提升,农村人口向城镇化迁徙越来越频繁,农村人口数量也出现了一定的结构转型,除因区划调整人口变动外,由入学、婚姻、务工等原因的人口迁入迁出就成为城乡人口结构变动的主要因素,这种城市"过密化"和乡村"过疏化"的地域发展趋势对乡村教育的影响无疑是巨大的;同时,随着皖中F县新型城镇化步伐的进一步加快,城乡人口结构出现城市"过密化"和乡村"过疏化"的转型趋势后,生计模式也出现了"非农化"变迁的整体趋势,这种"代际分工的半工半耕"家庭结构和抚育模式已成为乡村教育,尤其是留守儿童教育面临的一个重要的现实困境。另一方面,自20世纪90年代以来,新型城镇化背景下乡村教育历史变迁的实践样态经历了普及初等教育、

"两基"(基本普及九年制义务教育、基本扫除青壮年文盲)达标、扩大高中阶段办学规模三个发展阶段,乡村教育在发展中进一步深化改革。其中,最典型的改革是"以县为主"的义务教育管理体制代替了"分级管理,分级负责"的体制传统;传统单一国家办学转变为办学主体多元化,公办学校、民办学校协调发展。

其次,随着皖中F县新型城镇化进程的进一步加速,举家迁徙已成为人口流动的一种新常态,由此产生的留守儿童教育和流动儿童教育成为乡村教育变迁的首要实践维度。一方面,留守家庭和流动家庭(随迁家庭)成为人口流动背景下乡村教育变迁的两类基本样态。作为新型城镇化背景下社会结构转型和功能变迁的微观机制和实践样态,家庭教育结构转型和功能变迁主要集中体现在留守家庭的隔代抚育模式及其困境以及随迁家庭抚育模式及其困境;同时,人口流动对乡村学校教育也产生了不同程度的影响,且不同类型的学校教育的变迁样态和作用机制呈现出明显的差异化特征。作为新型城镇化背景下家庭教育模式转型及其功能变迁的另一主要利益相关主体,学校教育在人口急剧流动和快速变迁之流动的现代性结构下,不可避免将受到冲击。另一方面,新型城镇化背景下市场机制对乡村教育变迁的另一个实践样态是生源挤压,即优质生源向上流动使得乡村教育面临生源危机,同时,作为新型城镇化背景下乡村教育的重要变迁样态,举家迁徙引发随迁子女教育"脱域"化转型并进一步导致乡村教育实践场域里出现生源挤压现象,而这种个体理性引发的非预期性后果也对学校教育实践产生了一系列影响。

再次,通过对皖中F县Z镇撤点并校的历史考察和诠释,剖析其背后的现实基础和政策动因。一方面,从政策基础、政策动因、政策文本、政策实践、政策效果等角度,重点阐述了撤点并校的实践逻辑,作为一种社会事实的客观现象的撤点并校在F县的实践过程中呈现出自身的特征,作为资源配置的撤点并校本身无可厚非,且具有一定的现实合理性和政策必要性;同时,基于Z镇撤点并校事件的诠释性分析,从学校和家庭两个角度反思性审视撤点并校对乡村教育产生的影响及其作用机制,Z镇乡村学校在撤点并校政策实践过程中,同样面临师资结构失衡及其再生产困境,撤点并校政策要真正落到实处而发挥应有的政策效应,必须辅之以系列的配套改革方案。另一方面,家庭结构"半留守化"是家庭抚育模式多元化的现实基础,家庭抚育模式多元化转型是作为集体理性的家庭应对撤点并校政策负面效应的重要策略,学校教学实践的都市化转型使得传统隔代抚育模式无法实现有效家庭互动,且家庭结构"半留守化"的实践样态呈现多元化趋势,家庭结构"半留守化"也进一步反作用于家校互动机制并引发一种"大家访"的倒逼式改革。

最后,本研究从倒逼机制——学校教育的"制度衔接"与家庭教育的"功能替代"两个子维度继续阐述市场机制和行政机制有机作用下社会机制如何回应以使得乡村教育变迁实现自适应转型。一方面,作为政府行为的"少年宫下乡"实践与乡村教育体系部分程度实现了有效衔接,少年宫教育课程结构逐渐趋于乡土化与现代化的有机融合,少年宫教育功能逐渐与学校教育、家庭教育相互耦合;同时,教师公寓制度成为新型城镇化背景下乡村教育能动性回应的重要机制,它在解决乡镇学校尤其是乡村学校青年教师流失问题方面起到了至关重要的作用,也是学校教育制度衔接的理性行动。另一方面,学生寄宿制通过构建新型家校互动机制实现部分家庭教育功能替代,学生寄宿制通过优化教育资源配置机制有效缓解撤点并校负面政策效应机制,且学生寄宿制通过建设现代学校制度部分消解和弥合家庭教育功能的缺位困境。而校园餐桌制则是通过引入现代市场理念和社会运作机制有效缓解撤点并校政策实践负面效应的另一重要实践机制。因此,乡村教育能动性回应机制的运作逻辑——基于市场机制和行政机制的有机作用,实现学校教育的"制度衔接"与家庭教育的"功能替代",从而完成社会倒逼与乡村教育的能动性回应。

二、多维互构论

就研究范式角度而言,学界关于当代中国乡村教育变迁大致存在"结构功能主义"和"国家—社会"两大分析范式,且在前一种范式中出现了"离农论"和"为农论"的学术争论;同时,既有研究结论大致呈现"共识中分歧",具体而言,一方面,关于中国乡村变迁的"文字上移"及其"撤点并校"政策效应的负面影响在学术界已达成基本共识;另一方面,就"文字上移"及其"撤点并校"政策效应负面影响的发生机制和实践逻辑而言,无论是关注"中国教育如何失去乡村"的"离农论"还是聚焦"通过建立健全城乡教育一体化体制机制实现城乡教育从二元对抗走向有差别的统一"的"为农论",均未摆脱落入"结构功能主义"分析范式的二元对立弊端之窠臼。因此,本研究提出乡村教育变迁的多维互构论。无论是"乡村社会结构变迁决定教育变迁路径"还是"作为城镇化推进手段的教育治理术",虽然在结构功能作用机制上存在分歧,但两种观点均基于一个共同的学理基础,即乡村教育存在一定的社会功能;同时,作为个体理性选择和作为社会事实两个不同层面的乡村教育变迁具有不同的发生机制;换言之,将乡村教育多元化社会功能及其多样化变迁路径视作一个特定的社会子系统,它和市场、行政、社会等其他社会系统之间存在着千丝万缕的联系,且呈现一种"多维互构"的特征。

概而言之,本研究得出的结论如下:以市场、国家、社会切入变迁中的乡村教育则会发现,"多维互构"的乡村教育变迁机制存在市场机制下的"生源挤压"、行政机制下的"都市化转型"以及社会机制下的"能动性回应"三种不同转型路径和实践样态。质言之,多维互构论视角下的乡村教育变迁是上述三种不同转型动力和作用机制共时性作用的结果。一言以蔽之,乡村教育变迁的实践正是市场、国家、社会三股力量及其对应的三种不同转型动力和作用机制"多维互构"的实践结果。

第二节 讨论

一、展望

无论学术界关于乡村教育变迁及其命运作何考量,都不得不正视新型城镇化推进模式中乡村人口外流导致的"空心化""无主体化",尤其体现在农业型村落的变迁进程中。因此,无论是结构功能主义分析范式抑或是本研究所提倡的多维互构论,在面对个体理性选择(随迁就读)下的集体不理性(乡村教育无根化)时,多少都显得有点苍白无力。那么,作为兼具人力资本再生和乡土文化传承的"嵌入"式教育,乡村教育在当前中国村落现代化变迁过程中,仍然发挥着不可替代的作用,其变迁路径和实践机制也终将因多元化村落发展模式而呈现出多样化和复杂化。因此,无论是关注"中国教育如何失去乡村"的"离农论"还是聚焦"通过建立健全城乡教育一体化体制机制实现城乡教育从二元对抗走向有差别的统一"的"为农论",或是本研究提出的多维互构论——乡村教育变迁的实践正是市场、国家、社会三股力量及其对应的三种不同变迁动力和作用机制"多维互构"的实践结果,都无法回避下述基本事实:

第一,作为新型城镇化背景下的一个重要社会事实——乡村教育变迁是特定社会历史发展的阶段性产物,具有一定的复杂性和多样性,其特殊的作用机制和实践路径——多维互构论不仅面临如何走出个案的困境,还将直接面对如下拷问:多元村落变迁模式下的乡村教育变迁的应然样态究竟如何?同时,作为政府行为的撤点并校既是一种社会治理术,也确实在农民集中居住的大趋势下部分程度实现了教育资源配置结构的优化,那么,在"后撤点并校时代"的话语背景下,乡村教育综合改革如何权衡公平与效率的关系?这些都值得进一步做深入思考和研究。

第二,重构乡村教育体系。乡村振兴作为党的十九大之后"三农"工作的指导纲领和顶层设计,如何积极有效重构乡村教育体系为乡村振兴贡献教育的一臂之力,不仅仅是一个理论问题,更需要政策制定者和基层实践者在工作中通过积极发挥首创精神,用优先发展乡村教育的基本理念,实现乡村教育体系重构,这也是"新三农时代"和乡村振兴战略下乡村基础教育工作者和研究者共同面临的理论契机和现实挑战。

二、进一步探讨

本研究存在着一些不足之处：

第一，作为一个个案研究，F县的乡村教育变迁实际上是一个持续性的历史过程，而本研究仅采用社会学的机制分析考察其变迁逻辑，而未对其整个历史变迁过程进行历史性系统分析；社会事实是永恒的，而学术研究是局限的，随着乡村振兴战略的实施，F县乡村教育也将面临新的发展契机和转型机遇。

第二，本研究提出的多维互构论是基于社会学互构理论提出的一种分析当前乡村教育变迁的一个理论框架，试图突破学术界既有研究争论，但是，仍需进一步加强对多维互构论的理论论证，这也是本研究的不足之处。

这些不足成为笔者针对新型城镇化背景下乡村教育变迁研究的进一步探讨方向。

参考文献

一、中文著作

[1] 陆益龙. 后乡土中国[M]. 北京:商务印书馆,2017.

[2] 费孝通. 乡土中国[M]. 上海:上海人民出版社,2019.

[3] 邓佐君. 家庭教育学[M]. 福州:福建教育出版社,1995.

[4] 厉以宁,艾丰,石军. 中国新型城镇化概论[M]. 北京:中国工人出版社,2014.

[5] 黄河清. 家庭教育学[M]. 上海:华东师范大学出版社,2014.

[6] 叶敬忠,吴慧芳,孟祥丹. 中国农村教育——反思发展主义的视角[M]. 北京:社会科学文献出版社,2015.

[7] 段成荣,杨舸,马学阳. 中国流动人口研究[M]. 北京:中国人口出版社,2012.

[8] 张领. 流动的共同体:农民工与一个村庄的变迁[M]. 北京:中国社会科学出版社,2015.

[9] 王跃生. 中国当代家庭结构变动分析:立足于社会变革时代的农村[M]. 北京:中国社会科学出版社,2009.

[10] 黄兆信,万荣根. 农民工随迁子女融合教育研究[M]. 北京:中国社会科学出版社,2014.

[11] 孙远太. 文化资本与教育不平等[M]. 北京:知识产权出版社,2013.

[12] 沈茹. 农民工随迁子女家庭教育问题研究[M]. 苏州:苏州大学出版社,2015.

[13] 徐丽敏. 农民工随迁子女的社会融入研究[M]. 北京:科学出版社,2015.

[14] 贺雪峰. 城市化的中国道路[M]. 北京:东方出版社,2014.

[15] 吴重庆. 无主体熟人社会及社会重建[M]. 北京:社会科学文献出版社,2014.

[16] 黄平,王晓毅. 公共性的重建:社区建设的实践与思考(上)[M]. 北京:社会

科学文献出版社,2011.

[17] 毛丹,陈建胜,彭兵. 论城乡社区衔接[M]. 北京:中国社会科学出版社,2016.

[18] 李培林. 李培林自选集[M]. 北京:学习出版社,2009.

[19] 李培林. 另一只看不见的手:社会结构转型[M]. 北京:社会科学文献出版社,2005.

[20] 李培林. 中国社会结构转型:经济体制改革的社会学分析[M]. 哈尔滨:黑龙江人民出版社,1995.

[21] 陆学艺. 社会学[M]. 北京:知识出版社,1991.

[22] 刘豪兴. 旷世的忧思:费孝通的经济社会学思想[M]. 上海:上海人民出版社,2010.

[23] 费孝通. 中国城乡发展的道路[M]. 上海:上海人民出版社,2016.

[24] 费孝通. 费孝通论小城镇建设[M]. 北京:群言出版社,2000.

[25] 李强. 多元城镇化与中国发展:战略及推进模式研究[M]. 北京:社会科学文献出版社,2013.

[26] 陈向明. 在行动中学作质的研究[M]. 北京:教育科学出版社,2003.

[27] 瞿海源,毕恒达,刘长萱,等. 社会及行为科学研究法(质性研究法)[M]. 北京:社会科学文献出版社,2013.

[28] 李友梅,孙立平,沈原. 转型社会的研究立场和方法[M]. 北京:社会科学文献出版社,2009.

[29] 谢立中. 后社会学[M]. 北京:社会科学文献出版社,2012.

[30] 曹锦清. 黄河边的中国:一个学者对乡村社会的观察与思考[M]. 增补本. 上海:上海文艺出版社,2013.

[31] 许学强,周一星,宁越敏. 城市地理学[M]. 北京:高等教育出版社,2000.

[32] 杨晓军. 区域视野中的乡村、学校与社会:清末民初东北乡村教育研究(1905—1931)[M]. 北京:光明日报出版社,2011.

[33] 田静. 教育与乡村建设:云南一个贫困民族乡的发展人类学探究[M]. 北京:中央编译出版社,2013.

二、中文译著

[1] 库利. 人类本性与社会秩序[M]. 包凡一,王湲,译. 北京:华夏出版社,2015.

[2] 默顿. 社会理论和社会结构[M]. 唐少杰,齐心,译. 南京:译林出版社,2006.

[3] 哥特迪纳,哈奇森. 新城市社会学[M]. 黄怡,译. 3版. 上海:上海译文出版社,2011.

[4] 帕克,伯吉斯,麦肯齐.城市社会学——芝加哥学派城市研究[M].宋俊岭,郑也夫,译.北京:商务印书馆,2012.

[5] 霍华德.明日的田园城市[M].金经元,译.北京:商务印书馆,2010.

[6] 列斐伏尔.空间与政治[M].李春,译.2版.上海:上海人民出版社,2015.

[7] 马歇尔,罗斯曼.设计质性研究:有效研究计划的全程指导[M].何江穗,译.5版.重庆:重庆大学出版社,2015.

[8] 布洛维.公共社会学[M].沈原,译.北京:社会科学文献出版社,2007.

[9] 拉比诺.摩洛哥田野作业反思[M].高丙中,康敏,译.北京:商务印书馆,2008.

[10] 海默,曹诗弟.在中国做田野调查[M].于忠江,赵晗,译.重庆:重庆大学出版社,2012.

[11] 克兰迪宁.进行叙事探究[M].徐泉,李易,译.重庆:重庆大学出版社,2015.

[12] 柏格,卢克曼.现实的社会建构[M].汪涌,译.北京:北京大学出版社,2009.

[13] 米尔斯.社会学的想象力[M].陈强,张永强,译.3版.北京:生活·读书·新知三联书店,2012.

[14] 布尔迪厄,华康德.反思社会学导引[M].李猛,李康,译.北京:商务印书馆,2015.

[15] 吉登斯.社会理论的核心问题:社会分析中的行动、结构与矛盾[M].郭忠华,徐法寅,译.上海:上海译文出版社,2015.

三、中文期刊论文

[1] 李培林.再论"另一只看不见的手"[J].社会学研究,1994(1):11-18.

[2] 张昭.关于河北省空心村治理的理论探讨[J].河北师范大学学报:自然科学版,1998(4):144-147.

[3] 贺雪峰.论半熟人社会——理解村委会选举的一个视角[J].政治学研究,2000(3):61-69.

[4] 薛力.城市化背景下的"空心村"现象及其对策探讨——以江苏省为例[J].城市规划,2001(6):8-13.

[5] 程连生,冯文勇,蒋立宏.太原盆地东南部农村聚落空心化机理分析[J].地理学报,2001(4):437-446.

[6] 吴重庆.无主体熟人社会[J].开放时代,2002(1):121-122.

[7] 段成荣,周福林.我国留守儿童状况研究[J].人口研究,2005(1):29-36.

[8] 范先佐.农村中小学布局调整的原因、动力及方式选择[J].教育与经济,2006(1):26-29.

[9] 任云霞.社会排斥与流动儿童的城市适应的研究[J].陕西青年管理干部学院学报,2006(1):16-17,21.

[10] 叶敬忠,王伊欢.留守儿童的监护现状与特点[J].人口学刊,2006(3):55-59.

[11] 裴林.寄宿制初中生心理问题对策[J].科学咨询,2006(10):14.

[12] 陈怀川.农民工子女城市生活不良适应的社会学分析[J].兰州学刊,2006(5):163-164.

[13] 李煜.制度变迁与教育不平等的产生机制——中国城市子女的教育获得(1966—2003)[J].中国社会科学,2006(4):97-109,207.

[14] 罗银利.农村中小学布局调整中存在的问题及对策[J].武汉市教育科学研究院学报,2006(9):25-27.

[15] 黄小萍,龙军,刘敏岚.民工子女心理发展现状及对策研究[J].教育探索,2006(10):109-111.

[16] 周飞舟.乡镇政府"空壳化"与政权"悬浮"[J].中国改革,2007(4):64-65.

[17] 张世文,王洋."社会排斥"视角下的农民工子女教育问题[J].长春工业大学学报:社会科学版,2008(1):117-120.

[18] 岳天明,李娅娅.从"缺位"到"补位"——农村留守儿童社会化中教师角色问题初探[J].学习与实践,2008(5):142-148.

[19] 范元伟.流动儿童与本地学生相互融合研究[J].当代青年研究,2008(6):23-28.

[20] 曾守锤.流动儿童的社会适应:教育安置方式的比较及其政策含义[J].辽宁教育研究,2008(7):46-49.

[21] 岳永兵,王延强,官静.基于城市经营理念的"空心村"改造模式探析[J].国土资源科技管理,2008(4):32-35.

[22] 郑杨.对中国城乡家庭隔代抚育问题的探讨[J].学术交流,2008(9):124-126.

[23] 刘精明.中国基础教育领域中的机会不平等及其变化[J].中国社会科学,2008(5):101-116.

[24] 方晓义,范兴华,刘杨.应对方式在流动儿童歧视知觉与孤独情绪关系上的调节作用[J].心理发展与教育,2008(4):93-99.

[25] 周雪光.基层政府间的"共谋现象"——一个政府行为的制度逻辑[J].社会学研究,2008(6):1-21.

[26] 史晓浩,王毅杰.流动儿童城市社会适应结构与策略选择——以个案叙事中时间指向为视角[J].广西民族大学学报:哲学社会科学版,2009,31(1):52-58.

[27] 郑友富,俞国良.流动儿童身份认同与人格特征研究[J].教育研究,2009,30(5):99-102.

[28] 卢国显.城市流动儿童的社会融合与政策取向:一个个案研究[J].石家庄学院学报,2009,11(5):5-11.

[29] 熊春文."文字上移":20世纪90年代末以来中国乡村教育的新趋向[J].社会学研究,2009,24(5):110-140.

[30] 李梅华.乡镇政府在"空心村"治理中的角色定位[J].农村经济,2009(9):124-126.

[31] 刘彦随,刘玉,翟荣新.中国农村空心化的地理学研究与整治实践[J].地理学报,2009,64(10):1193-1202.

[32] 王毅杰,王开庆,韩允.市民对流动儿童的社会距离研究[J].深圳大学学报:人文社会科学版,2009,26(6):88-92.

[33] 丁睿.流动儿童的心理社会适应研究[J].黑龙江科技信息,2010(2):79.

[34] 许传新.学校适应情况:流动儿童与留守儿童的比较分析[J].中国农村观察,2010(1):76-86,96.

[35] 丁首江.金融支持"空心村"改造存在的问题及对策建议[J].金融发展研究,2010(1):85-86.

[36] 史晓浩,王毅杰.流动儿童城市社会交往的逻辑——指向一种质量互释的混合研究[J].南方人口,2010,25(2):31-41.

[37] 李春玲.高等教育扩张与教育机会不平等——高校扩招的平等化效应考查[J].社会学研究,2010,25(3):82-113.

[38] 王毅杰,史晓浩.流动儿童与城市社会融合:理论与现实[J].南京农业大学学报:社会科学版,2010,10(2):97-103.

[39] 王建立.现代化进程中乡村教育的迷失与转型[J].江苏教育学院学报:社会科学版,2010,26(7):21-23.

[40] 许定雄.论高校国防教育机制的创新[J].经济与社会发展,2010,8(11):173-175.

[41] 吴重庆.从熟人社会到"无主体熟人社会"[J].读书,2011(1):19-25.

[42] 叶敬忠.留守人口与发展遭遇[J].中国农业大学学报:社会科学版,2011,28(1):5-12.

[43] 高政.社会排斥理论视角下流动儿童教育问题研究[J].教育探索,2011(12):15-17.

[44] 褚卫中,张玉慧.农村义务教育"撤点并校"负面影响分析[J].教学与管理:中学版,2012(3):10-12.

[45] 韩克庆,武文青.中国少年宫的变迁与儿童福利的实现——以M市少年宫为例[J].东岳论丛,2012,33(7):103-112.

[46] 张启睿,边玉芳,王烨晖,等.学校教育环境与资源对青少年学业成就的影

响[J].教育研究,2012,33(8):32-40.

[47] 张鸿雁.中国城市化理论新模式的建构[J].学术月刊,2012,44(8):14-22.

[48] 赵延东,洪岩璧.社会资本与教育获得——网络资源与社会闭合的视角[J].社会学研究,2012,27(5):47-69,243-244.

[49] 苟天来,左停,毕宇珠.空心村社会网络的重建逻辑[J].广西民族大学学报:哲学社会科学版,2012,34(6):26-30.

[50] 胡艳辉,王立娜.农民工城市文化心理融入的代际差异研究[J].湘潮:理论版,2012(11):6-9.

[51] 叶敬忠.农村中小学布局调整的社会宏观背景分析[J].中国农业大学学报:社会科学版,2012,29(4):5-21.

[52] 倪鹏飞.新型城镇化的基本模式、具体路径与推进对策[J].江海学刊,2013(1):87-94.

[53] 文军.回到"人"的城市化:城市化的战略转型与意义重建[J].探索与争鸣,2013(1):57-60.

[54] 肖娥芳.湖北城乡一体化进程中农村"空心村"现象研究[J].湖北工程学院学报,2013,33(1):117-120.

[55] 薛文俊."后撤点并校时代"农村教育向何处去[J].中国党政干部论坛,2013(2):68-70.

[56] 吴愈晓.中国城乡居民的教育机会不平等及其演变(1978—2008)[J].中国社会科学,2013(3):4-21.

[57] 段成荣,吕利丹,邹湘江.当前我国流动人口面临的主要问题和对策——基于2010年第六次全国人口普查数据的分析[J].人口研究,2013,37(2):17-24.

[58] 靳小怡,谢娅婷,韩雪.婚姻挤压下农村流动人口的生育性别偏好——基于相对剥夺感视角的分析[J].人口学刊,2013,35(3):15-24.

[59] 李培林.小城镇依然是大问题[J].甘肃社会科学,2013(3):1-4.

[60] 全国妇联课题组.全国农村留守儿童城乡流动儿童状况研究报告[J].中国妇运,2013(06):30-34.

[61] 景时,邓猛.英国的融合教育实践——以"特殊教育需要协调员"为视角[J].学习与实践,2013(6):127-133.

[62] 黄词捷."空心村"与农村社区治理对策[J].黑龙江科学,2013(7):97-98.

[63] 吴愈晓.教育分流体制与中国的教育分层(1978—2008)[J].社会学研究,2013,28(4):179-202.

[64] 赵康."空心村"社会资本断裂及其构建对策——基于农村社区建设视角[J].农村经济,2013(7):86-90.

[65] 王新波,单洪雪.随迁儿童与当地儿童学校生活中心理融合状况研究[J].

中国德育,2013(18):6-10.
[66] 刘欣,曾嵘,王宁."后撤点并校"时期农村教育资源的重组与利用——基于对湖北省郧西县的调查[J].中国教育学刊,2013(10):17-20.
[67] 李向东."后撤点并校时代"的应对路径[J].教育评论,2013(5):6-8.
[68] 吕利丹.从"留守儿童"到"新生代农民工"——高中学龄农村留守儿童学业终止及影响研究[J].人口研究,2014,38(1):37-50.
[69] 李春玲.教育不平等的年代变化趋势(1940—2010)——对城乡教育机会不平等的再考察[J].社会学研究,2014,29(2):65-89.
[70] 蔡志良,孔令新.撤点并校运动背景下乡村教育的困境与出路[J].清华大学教育研究,2014,35(2):114-119.
[71] 刘永飞,徐孝昶,许佳君.断裂与重构:农村的"空心化"到"产业化"[J].南京农业大学学报:社会科学版,2014,14(3):16-22.
[72] 张燕,胡小琪,潘慧,等.改善学校厨房设备对贫困农村小学生在校就餐的影响[J].中国学校卫生,2014,35(5):651-653.
[73] 潘璐,叶敬忠."大发展的孩子们":农村留守儿童的教育与成长困境[J].北京大学教育评论,2014,12(3):1-12.
[74] 段成荣,吕利丹,王宗萍.城市化背景下农村留守儿童的家庭教育与学校教育[J].北京大学教育评论,2014,12(3):13-29.
[75] 洪岩璧,赵延东.从资本到惯习:中国城市家庭教育模式的阶层分化[J].社会学研究,2014,29(4):73-93.
[76] 邵泽斌.流动的教育权:论我国城乡义务教育的"三元统筹"[J].社会科学战线,2014(8):214-220.
[77] 张蕙.一种新课程的诞生:构建家校互动式儿童哲学微课程[J].上海教育科研,2014(8):60-62.
[78] 郭清扬.义务教育均衡发展与农村寄宿制学校建设[J].教育与经济,2014(4):36-43.
[79] 李学勇,廖冲绪.农村留守家庭的代际和谐初探[J].农村经济,2014(12):69-73.
[80] 张舒恺.浅析城乡二元体制下教育资源不平等现象[J].大学教育,2015(1):20-21,39.
[81] 李涛.农村学校布局调整须加速重心转移[J].中国民族教育,2015(1):12.
[82] 周宗奎,孙晓军,赵冬梅,等.同伴关系的发展研究[J].心理发展与教育,2015,31(1):62-70.
[83] 丁冬,郑风田.撤点并校:整合教育资源还是减少教育投入?——基于1996—2009年的省级面板数据分析[J].经济学,2015,14(1):603-622.

[84] 范先佐,郭清扬.农村留守儿童教育问题的回顾与反思[J].中国农业大学学报:社会科学版,2015,32(1):55-64.

[85] 陶芳标.厘清学校卫生职能 深化学校卫生服务[J].中国学校卫生,2015,36(1):1-5,9.

[86] 贺武华.农村寄宿制学校办学发展的价值重构与功能再造[J].浙江社会科学,2015(3):96-102.

[87] 李龙,宋月萍.撤点并校背景下的人口流动意愿——来自农村地区的证据[J].清华大学教育研究,2015,36(2):23-31.

[88] 应星,刘云杉."无声的革命":被夸大的修辞——与梁晨、李中清等的商榷[J].社会,2015,35(2):81-93.

[89] 李超,李诗云,王雷.随迁与留守——新移民家庭代际关系分析[J].人口与经济,2015(2):40-51.

[90] 鲁子箫.新型城镇化进程中乡村教育的困境与出路[J].现代教育科学:普教研究,2015(2):69-71,114.

[91] 唐俊超.输在起跑线——再议中国社会的教育不平等(1978—2008)[J].社会学研究,2015,30(3):123-145.

[92] 潘慧,张倩,唐振闯,等.农村学生营养改善计划地区学生就餐满意度[J].中国学校卫生,2015,36(5):663-665.

[93] 吴亚林.农村教育发展:概念重建与制度设计[J].郑州师范教育,2015,4(3):6-9.

[94] 李瑾瑜.支持乡村教师需要树立新立场[J].教育发展研究,2015,35(10):3.

[95] 刘保中,张月云,李建新.家庭社会经济地位与青少年教育期望:父母参与的中介作用[J].北京大学教育评论,2015,13(3):158-176.

[96] 王路芳,张旭."后撤点并校"时代农村小规模学校教师队伍建设研究——基于对46个国家级贫困县的调查[J].上海教育科研,2015(7):10-14.

[97] 李森.新型城镇化进程中我国乡村教育可持续发展的现实困境与战略选择[J].西南大学学报:社会科学版,2015,41(4):98-105.

[98] 任远.大迁移时代的儿童留守和支持家庭的社会政策[J].南京社会科学,2015(8):73-78.

[99] 闻翔,亓昕.小微学校:乡村义务教育的新模式及其危机[J].学海,2015(5):31-38.

[100] 范先佐.乡村教育发展的根本问题[J].华中师范大学学报:人文社会科学版,2015,54(5):146-154.

[101] 刘泽云.上大学是有价值的投资吗——中国高等教育回报率的长期变动

(1988—2007)[J]. 北京大学教育评论,2015,13(4):65-81.

[102] 聂清德,董泽芳. 一个值得高度关注的问题:城镇化背景下乡村教育生态危机[J]. 教育研究与实验,2015(5):8-12.

[103] 王海平,康丽颖. 少年宫教育与学校教育并协发展的轨迹——中国少年宫教育变迁的新制度社会学分析[J]. 首都师范大学学报:社会科学版,2015(5):133-139.

[104] 张学浪. 基于学校教育的农村留守儿童发展路径探索[J]. 农村经济,2015(11):119-124.

[105] 李红霞,林雪,林静,等. 寄宿制小学生时间管理倾向与学业成绩的关系:自我调节学习的中介作用[J]. 心理研究,2015,8(6):90-96.

[106] 赵亮. 后撤点并校时代:重振农村小规模学校[J]. 中国教育学刊,2015(12):36-39.

[107] 汪永涛. "返乡"或"留城":北京市流动儿童的教育分流[J]. 当代青年研究,2016(1):97-102.

[108] 杨通华,魏杰,刘平,等. 留守儿童心理健康:人格特质与社会支持的影响[J]. 中国健康心理学杂志,2016,24(2):285-292.

[109] 梁玉成,吴星韵. 教育中的户籍隔离与教育期望——基于CEPS 2014数据的分析[J]. 社会发展研究,2016,3(1):22-47,242-243.

[110] 徐继存,高盼望. 新式教育的乡村疏离[J]. 教育研究与实验,2016(1):8-14.

[111] 刘敏,石亚兵. 乡村教师流失的动力机制分析与乡土情怀教师的培养——基于"80后""特岗教师"生活史的研究[J]. 当代教育科学,2016(6):15-19.

[112] 吴愈晓,黄超. 基础教育中的学校阶层分割与学生教育期望[J]. 中国社会科学,2016(4):111-134.

[113] 汪明帅,郑秋香. 从"边缘人"走向"传承者"——回归乡土的乡村教师发展研究[J]. 教育发展研究,2016,36(8):13-19.

[114] 姚嘉,张海峰,姚先国. 父母照料缺失对留守儿童教育发展影响的实证分析[J]. 教育发展研究,2016,36(8):51-58.

[115] 李涛. 中国乡村教育发展路向的理论难题[J]. 探索与争鸣,2016(5):100-103.

[116] 吴晓刚. 中国当代的高等教育、精英形成与社会分层[J]. 文化纵横,2016(3):17.

[117] 张昱瑾. 少年宫教育课程结构建设:内涵、问题与构想[J]. 全球教育展望,2016,45(7):41-50.

[118] 李燕平,杜曦. 农村留守儿童抗逆力的保护性因素研究——以曾留守大学

生的生命史为视角[J].中国青年社会科学,2016,35(4):69-74.

[119] 李忠路,邱泽奇.家庭背景如何影响儿童学业成就?——义务教育阶段家庭社会经济地位影响差异分析[J].社会学研究,2016,31(4):121-144.

[120] 杨菊华,张娇娇,吴敏.此心安处是吾乡——流动人口身份认同的区域差异研究[J].人口与经济,2016(4):21-33.

[121] 田鹏,陈绍军."无主体半熟人社会":新型城镇化进程中农民集中居住行为研究——以江苏省镇江市平昌新城为例[J].人口与经济,2016(4):53-61.

[122] 李代,张春泥.外出还是留守?——农村夫妻外出安排的经验研究[J].社会学研究,2016,31(5):139-163,244.

[123] 禹卫华.微信群的传播分析:节点、文本与社交网络——以三个校园微信群为例[J].新闻记者,2016(10):61-65.

[124] 孔祥艳.农村留守儿童教育问题的解决进展[J].教育教学论坛,2016(43):5-6.

[125] 唐晓菁.城市"隔代抚育":制度安排与新生代父母的角色及情感限制[J].河北学刊,2017,37(1):160-164.

[126] 王天平.社会转型时期乡村教育的价值取向[J].西南大学学报:社会科学版,2017,43(1):79-86.

[127] 田毅鹏.地域衰退的发生及其治理之道——一种发展社会学视域的考察[J].江海学刊,2017(1):88-95.

[128] 郭淑豪,程亮.从义务的道德到超义务的道德——重审学校德育的层次性[J].中国教育学刊,2017(2):89-94.

[129] 李德洗,杨奇明,赵宝.父母外出务工与子女高中教育机会获得——基于劳务输出大省的实证研究[J].调研世界,2016(11):23-29.

[130] 王静文.走还是留:返乡农民工再次外出务工意愿的实证研究——基于成本—收益理论[J].调研世界,2017(1):40-46.

[131] 李超,罗润东.老龄化、隔代抚育与农村劳动力迁移——基于微观家庭决策视角的研究[J].经济社会体制比较,2017(2):135-146.

[132] 张明皓.留守儿童的日常焦虑与自我认同——基于结构二重性视角的考察[J].北京社会科学,2017(3):75-83.

[133] 曹长德,汪洋."村小去留":乡村教育之困与政策选择[J].教育发展研究,2017,37(6):20-26.

[134] 崔若峰.探寻"公平优质"的现代化教育之路——2017全国两会教育热点扫描[J].中小学管理,2017(4):27-28.

[135] 官仲章,吕一军.新媒体时代学校德育面临的挑战及其变革——基于微议程的视角[J].高等教育研究,2017,38(4):71-75.

[136] 庞丽娟,金志峰,杨小敏.新时期乡村教师队伍建设政策研究[J].中国行政管理,2017(5):109-113.

[137] 王艳玲,李慧勤.乡村教师流动及流失意愿的实证分析——基于云南省的调查[J].华东师范大学学报:教育科学版,2017,35(3):134-141,173.

[138] 张燕.后撤点并校时代农村寄宿制学校发展研究[J].教学与管理:理论版,2017(6):37-40.

[139] 闫伯汉.乡城流动与儿童认知发展 基于2012年中国城镇化与劳动移民调查数据的分析[J].社会,2017,37(4):59-89.

[140] 吴愈晓,黄超,黄苏雯.家庭、学校与文化的双重再生产:文化资本效应的异质性分析[J].社会发展研究,2017,4(3):1-27.

[141] 李钰,白亮.西北农村地区寄宿制学校问题研究——基于甘肃省S县的调查与分析[J].学术探索,2017(9):152-156.

[142] 陆伟,宋映泉,梁净.农村寄宿制学校中的校园霸凌研究[J].北京师范大学学报:社会科学版,2017(5):5-17.

[143] 张阳阳,谢桂华.教育期望中的班级效应分析[J].社会,2017,37(6):165-193.

[144] 熊湘辉,徐璋勇.中国新型城镇化水平及动力因素测度研究[J].数量经济技术经济研究,2018,35(2):44-63.

[145] 王继新,张伟平.信息化助力县域内教育优质均衡发展研究[J].中国电化教育,2018(2):1-7.

[146] 李维,许佳宾.县域义务教育教师主观地位认同与转岗意向关系:工作满意度的中介作用[J].现代教育管理,2018(2):83-88.

[147] 姚松.县域义务教育均衡发展问责制度的现状、问题及对策——基于对325个县(区)现行相关政策文本的分析[J].山西师大学报:社会科学版,2018,45(2):99-104.

[148] 余江,叶林.中国新型城镇化发展水平的综合评价:构建、测度与比较[J].武汉大学学报:哲学社会科学版,2018,71(2):145-156.

[149] 白亮,万明钢.城乡义务教育一体化发展中县域学校布局优化的原则与路径[J].教育研究,2018,39(5):36-41.

[150] 陈岳堂,赵婷婷.中部地区农村义务教育资源配置效率研究——基于县域视角和湖南39个县(市)的数据[J].湖南农业大学学报:社会科学版,2018,19(3):97-102.

[151] 赵林,吴殿廷,王志慧,等.中国农村基础教育资源配置的时空格局与影响因素[J].经济地理,2018,38(11):39-49.

[152] 石灯明,李剑,刘文,等.县域城乡义务教育一体化研究——基于义务教育

质量监测视角[J].当代教育论坛,2018(6):1-8.

[153] 方创琳.中国新型城镇化高质量发展的规律性与重点方向[J].地理研究,2019,38(1):13-22.

[154] 赵磊,方成.中国省际新型城镇化发展水平地区差异及驱动机制[J].数量经济技术经济研究,2019,36(5):44-64.

[155] 汤颖,邬志辉.新时期农村基础教育改革的困境与路径[J].当代教育与文化,2019,11(3):58-63.

[156] 吴建涛.我国县域义务教育优质均衡发展的主要困难与对策研究[J].教育科学,2019,35(3):75-82.

[157] 付卫东.县域义务教育教师工资待遇不平衡不充分:难题及破解——基于中西部6省16个县(区)160余所中小学的调查[J].河北师范大学学报:教育科学版,2019,21(4):5-12.

[158] 饶爱京,万昆,任友群.优质均衡视角下县域基础教育信息化发展策略[J].中国电化教育,2019(8):37-43.

[159] 林小英,杨蕊辰,范杰.被抽空的县级中学——县域教育生态的困境与突破[J].文化纵横,2019(6):100-108.

[160] 汤颖.农村基础教育改革的关键议题及其应对[J].教育学术月刊,2020(1):60-64.

[161] 赵建吉,刘岩,朱亚坤,等.黄河流域新型城镇化与生态环境耦合的时空格局及影响因素[J].资源科学,2020,42(1):159-171.

[162] 张耀东.城市化背景下农村留守儿童的家庭教育与学校教育[J].课程教育研究,2020(8):3.

[163] 叶超,于洁.迈向城乡融合:新型城镇化与乡村振兴结合研究的关键与趋势[J].地理科学,2020,40(4):528-534.

[164] 姚松.县域教育治理现代化转型:价值、困境与创新路径[J].宁波大学学报:教育科学版,2020,42(3):88-94.

[165] 薛正斌.县域义务教育师资均衡发展指标体系建构[J].教育与经济,2020,36(4):83-89.

[166] 雷望红.县域教育城镇化的发展路径与政治风险[J].兰州学刊,2020(12):162-171.

[167] 王世茂.乡村振兴背景下县域新型城镇化发展问题探析[J].农业开发与装备,2021(8):3-4.

[168] 张国胜,许煜.农业转移人口市民化与"三位一体"新型城镇化政策研究[J].云南社会科学,2021(5):147-153,187-188.

[169] 吴思栩,孙斌栋.信息化助推乡村振兴:机制、条件与对策[J].南京社会科

学,2021(9):64-72.
[170] 张苏秋.网络媒介、文化共同体与新型城镇化[J].思想战线,2021,47(5):102-109.
[171] 蔡少燕.中国人口家庭式迁移研究的知识图谱分析[J/OL].世界地理研究,2021-09-17[2021-10-08].https://kns.cnki.net/kcms/detail/31.1626.p.20210915.1828.006.html.
[172] 潘金生.农村小学留守儿童家校互动式教育的有效策略[J].基础教育论坛,2016(2):45-46.
[173] 李皓."撤点并校"背景下农村寄宿制学校的现状调查及思考——以云南省昆明市为例[J].城乡社会观察,2015(1):207-214.
[174] 成尚荣."超越",引领乡村教育的"永远"[J].江苏教育,2011(5):30-32.
[175] 徐永生,宋世兵,彭小满.关注农村寄宿制学校校园安全[J].湖南教育,2005(12):4-5.

四、学位论文

[1] 宁鸿.农民工子女教育问题的社会排斥研究——以大连市进城农民工子女为例[D].长春:吉林大学,2006.
[2] 孟艳俊.流动儿童社会融合状况的比较研究[D].北京:首都经济贸易大学,2008.
[3] 何亚玺.北京市农民工子女社会适应及其与心理健康关系的研究[D].郑州:河南大学,2009.
[4] 李红婷.无根的社区 悬置的学校[D].北京:中央民族大学,2010.
[5] 曾昭皓.德育动力机制研究[D].西安:陕西师范大学,2012.
[6] 周洪新.城镇化进程中农村中小学"撤点并校"的问题研究——基于山东省N县的调查分析[D].济南:山东师范大学,2013.
[7] 单丽卿.教育如何拆解社会——一个乡镇的教育调整与社会再造[D].北京:中国社会科学院研究生院,2015.
[8] 仲米领.县域义务教育教师流动机制研究[D].济南:山东师范大学,2019.

五、中文文献汇编

[1] F县地方志编纂委员会.F县志(1986—2005)(上卷)[G].合肥:黄山书社,2011.
[2] F县党史研究室(地方志办公室).F县年鉴2016[G].合肥:安徽人民出版社,2017.

六、外文文献

[1] WEHRWEIN G S. The Rural-urban fringe[J]. Economic geography,1942,18(3):217-228.

[2] RIMMER P J. Overview: restructuring Chinese space in the new millennium[J]. Asia pacific viewpoint,2002,43(1):1-8.

[3] QADEER M A. Ruralopolises: the spatial organisation and residential land economy of high-density rural regions in South Asia[J]. Urban studies, 2000,37(9):1583-1603.

[4] PRYOR R J. Defining the rural-urban fringe[J]. Social forces,1968,47(2):202-215.

[5] ANDREWS R B. Elements in the urban fringe pattern[J]. Journal of land and public utility economics, 1942(18):169-183.

[6] LEHMAN D. Bringing the school to the children: shortening the path to EFA[J]. World bank other operational studies, 2003.

[7] DAN Z, PAROLIN B. School mapping restructure in rural China: achievements, problems and implications[J]. Asia pacific education review, 2012, 13(4):713-726.

[8] FANCHETTE S. Population density and urbanization of rural areas: the case of the Nile Delta[J]. Tiers Monde, 1990, 31(121): 29-56.

[9] EDSON C. Education and work in the context of restructuring productive [J]. Educação: Teoria e Prática, 2009, 19(32): 205.

[10] SUN N T. 30 years of Chinese educational management: achievements, characteristics and problems [J]. International journal of educational management, 2014, 28(3): 340-348.

[11] AL-SHARIF M. The need for change: educational reform[J]. Race, gender & class, 2011, 18(3/4): 191-197.

[12] MITCHELL D E. School restructuring: the superintendent's view[J]. Educational administration quarterly, 1993, 29(2): 249-274.

[13] AI Y, TANG B, SHI Y J,et al. Rural education across China's 40 years of reform: past successes and future challenges[J]. China agricultural economic review,2018,10(1):93-118.

[14] XU S, LAW W. Rural education and urbanization: experiences and struggles in China since the late 1970s[J]. Global education review, 2015,2(4):78-100.

[15] DROZD D J, BLAIR R F, DEICHERT J. Demographic foundation of rural education in the great plains: the impact of urbanization[J]. Great plains research,2013,23(2):159-169.

[16] WANG J F. The analyses of open and distance education to promote rural

education fair in the vision of urbanization[C]. Proceedings of the 2013 Conference on Education Technology and Management Science (ICETMS 2013),2013.

[17] MARSHALL D T. Review of rural education in America: what works for our students, teachers, and communities[J]. Journal of school choice, 2021,15(3):486-488.

[18] CROUCH M, NGUYEN T D. Examining teacher characteristics, school conditions, and attrition rates at the intersection of school choice and rural education[J]. Journal of school choice,2021,15(2):268-294.

[19] WU Y L. Educational unfairness in China and strategies for promoting educational equity[J]. International journal of computational and engineering,2021,6(1).

[20] LÜ J D, MA Y J. Diversified research on the professional development path of rural physical education teachers based on big data analysis[J]. Journal of physics: conference series,2020,1648(2):1-5.

[21] YANG J W. Current situation and development trend of policies for balanced development of urban and rural education in eastern, central and western China from the perspective of educational equity[J]. Lifelong education,2020,9(6):223-227.

[22] YANG H X. Examining the potential of rural education in China—exploration on the localization of STEAM education based on farming culture [J]. Frontiers in educational research,2020,3(10).

[23] SUN Y R. Analysis on the current situation and future development direction of rural basic education[J]. International journal of education and teaching research,2020,1(3).

[24] LIU K X. Research on the policy of withdrawing and merging rural primary and secondary schools[J]. Frontier of higher education,2020,2(1):1-5.

[25] HEADEY D, STIFELB D, YOU L Z, et al. Remoteness, urbanization and child nutrition in sub-Saharan Africa[J]. Agricultural economics, 2018,49(6):765-775.

[26] KLAR H, MOYI P, YLIMAKI R M, et al. Getting off the list: leadership, learning, and context in two rural, high-needs schools[J]. Journal of school leadership,2019,30(1):62-83.

[27] ZHANG D P, SHI Z L. Urban-rural comparison of children's education investment in compulsory education[J]. E3S web of conferences,2020,

214:1-6.

[28] Anon. New white paper proposes theory of change for rural education[J]. Tech & learning,2019,40(4).

[29] LUNARDI E M,SANTOS E A G,RAMOS C B, et al. Municipal policy of teacher training: a look at education of the field in the municipality of Santa Maria/RS[J]. Revista brasileira de educação do campo,2019(4):1-24.

[30] STOOPS T L. No longer forgotten: the triumphs and struggles of rural education in America[J]. Journal of school choice, 2019(4),13(2):283-285.

[31] FRANCO Z G E. Reflections on the dimension of care in the search for curricular justice in the field schools of the municipality of Humaitá (AM)[J]. Revista brasileira de educação do campo,2019,4:1-20.

[32] FEITOSA L B,VIZOLLI I. Violence, struggle and resistance: historicity of rural education to indigenous school education[J]. Revista brasileira de educação do campo,2019(4):1-26.

[33] FRIENDLY A. Latin American urbanization and the political economy of inequality[J]. Latin American perspectives,2021,48(6):223-226.

[34] HARYANTO T,ERLANDO A,UTOMO Y. The relationship between urbanization, education, and GDP per capita in Indonesia[J]. Journal of Asian finance, economics and business,2021,8(5):561-572.

[35] SILVER J,FIELDS D,GOULDING R, et al. Walking the financialized city: confronting capitalist urbanization through mobile popular education[J]. Community development journal,2021,56(1):161-179.

[36] WEN C. Educating rural migrant children in interior China: the promise and pitfall of low-fee private schools[J]. International journal of educational development,2020,79(9):1-7.

[37] WU Y, YANG Y, XU W, et al. The influence of innovation resources in higher education institutions on the development of sci-tech parks' enterprises in the urban innovative districts at the stage of urbanization transformation[J]. Land,2020,9(10):396-432.

[38] RAJ J,GOPALKRISHNA M G. Role of education in urban socio-economic transformation[J]. ZENITH international journal of multidisciplinary research,2020,10(3):1-12.

[39] PRAGATI. Re-examining the relationship between urbanization and economic growth: an analysis[J]. Journal of resources energy and development,2018,14(2):73-82.